PARIS
1838

FREDERIC de SCHLEGEL

PHILOSOPHIE

DE LA VIE,

Tome 1

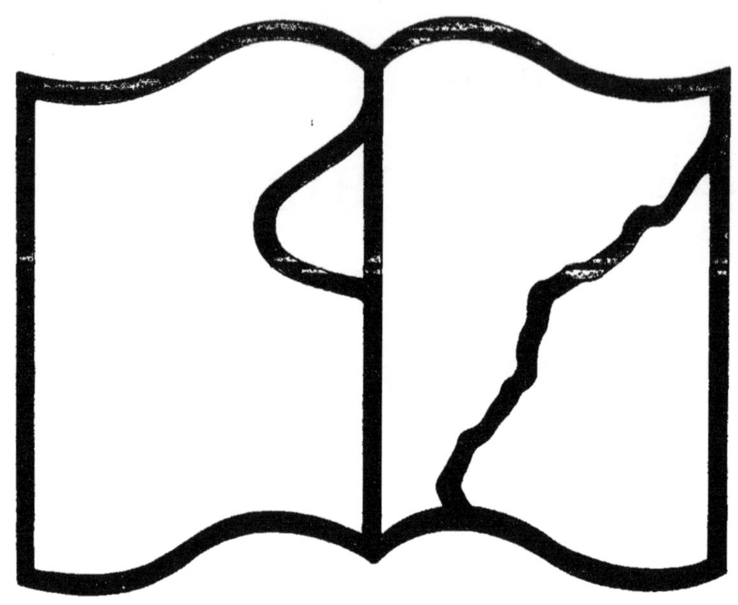

Symbole applicable
pour tout, ou partie
des documents microfilmés

Texte détérioré — reliure défectueuse

NF Z 43-120-11

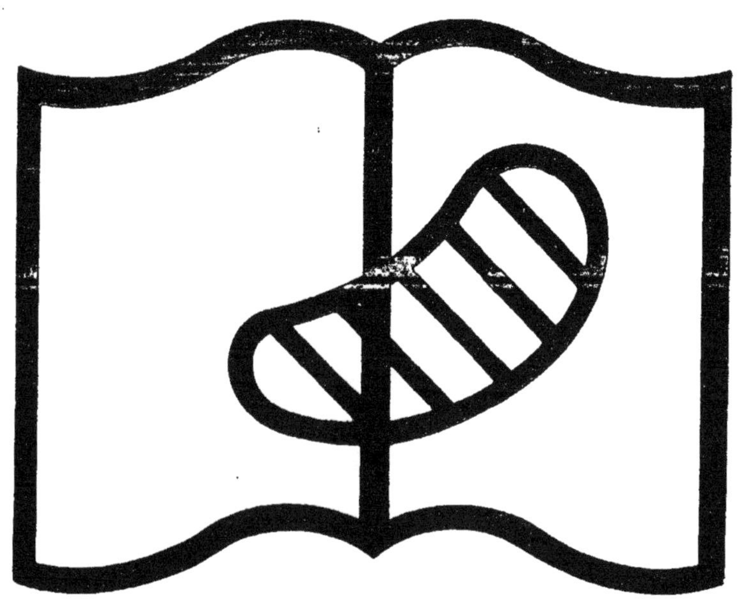

PHILOSOPHIE
DE LA VIE,

PAR

Frédéric de Schlégel,

Ouvrage traduit de l'allemand en français

PAR M. L'ABBÉ GUÉNOT.

Tome Premier.

Paris,

PARENT-DESBARRES, ÉDITEUR,
RUE DE SEINE-SAINT-GERMAIN, N° 48;
CHERBULLIEZ, LIBRAIRE,
RUE SAINT-ANDRÉ-DES-ARTS, N° 68.

1838.

SAINT-CLOUD. — IMPRIMERIE DE BELIN-MANDAR.

PHILOSOPHIE
DE LA VIE.

TOME PREMIER.

SAINT-CLOUD. — IMPRIMERIE DE BELIN-MANDAR

PHILOSOPHIE
DE LA VIE,

PAR FRÉDÉRIC DE SCHLÉGEL.

Ouvrage traduit de l'allemand en français

PAR M. L'ABBÉ GUÉNOT.

TOME PREMIER.

PARIS,
PARENT-DESBARRES, ÉDITEUR,
RUE DE SEINE-SAINT-GERMAIN, 48;
CHERBULLIEZ, LIBRAIRE,
RUE SAINT-ANDRÉ-DES-ARTS, 68

1838.

PHILOSOPHIE
DE LA VIE.

LEÇON PREMIÈRE.

De l'âme pensante, en tant qu'elle est le centre de la conscience.
Des écarts de la raison.

MESSIEURS,

« Il y a, » dit un poète aussi spirituel que profond, « il y a au ciel et sur la terre une foule de choses qui n'entrent point dans les rêves de notre philosophie. » Cette sentence, marquée au coin du génie et jetée comme par hasard au milieu des fleurs d'une riche poésie, peut s'appliquer en grande partie à la philosophie de notre époque. Je m'en empare, et, sauf un léger changement, je l'approprie à mon but en disant: « Et même entre le ciel et la terre il y a une foule de choses qui restent étrangères aux rêves de notre philosophie. » Puisque, pour la plupart du temps, notre philosophie ne se livre qu'à des rêves scientifiques, est-il étonnant que parmi les choses qu'il lui appartiendrait de savoir il y en ait tant qu'elle ignore, qu'elle ne soupçonne même pas?

La philosophie perd de vue son véritable objet, elle abandonne le terrain solide, seul capable de donner de la consistance à ses travaux scientifiques et d'en assurer l'indépendance, toutes les fois que, s'égarant dans les sentiers tortueux d'une métaphysique ardue, elle s'élève jusqu'au ciel pour y bâtir ses châteaux en Espagne et y former les réseaux de son inextricable dialectique, ou que, portant inconsidérément ses pas sur la terre, elle veut s'immiscer de force dans l'ordre des réalités extérieures, pour tout refaire et tout réformer d'après ses propres idées; c'est entre ces deux voies également fausses que se présente la direction de la vraie philosophie. Son domaine est la vie intellectuelle de l'homme. Il touche au ciel d'une part, et de l'autre, à la terre.

L'antiquité civilisée nous fournit déjà des exemples variés de cette double déviation. Platon lui-même, le premier des penseurs grecs, établit dans sa république l'idéal d'une constitution politique qui, à cet égard, ne peut soutenir aucun examen. Bien que la dissolution manifeste des républiques grecques, grandes et petites, au milieu desquelles il vivait, puisse jusqu'à un certain degré justifier l'étrangeté de son plan; bien que la perfection du style, le mérite de l'exécution, la richesse et l'élévation des idées lui conservent une mâle dignité et empêchent de le confondre avec cette multitude de rêves du même genre, qui, de nos jours, se succèdent si rapidement et disparaissent aussitôt dans l'oubli, son livre n'en est pas moins considéré comme un triste monument révélant le côté faible du grand homme. Il n'est pas besoin d'être Platon pour voir combien se refusent à l'application un grand nombre des vues que sa main hardie a tracées. Aussi a-t-il été, de son temps déjà, comme dans les temps postérieurs, un sujet abondant de dérision pour les ignorants et un objet varié de critique pour les hommes éclairés. Des conceptions aussi dépourvues de réalité ne peuvent que nous faire déplorer la fausse direction qu'a prise un génie de cette force, et l'inutilité de ses efforts pour atteindre un but chimérique.

Mais d'un autre côté, si nous voyons les plus anciens des philosophes grecs, semblables à de courageux navigateurs, s'aventurer les premiers sur le vaste océan de la pensée; si, rapprochant dans leur esprit les éléments des choses, le feu, l'eau et l'air ou même les atômes, puis l'intelligence souveraine, ordonnatrice de ces mêmes éléments; nous les voyons, dis-je, organiser, chacun selon un mode de combinaison qui lui est propre, leurs systèmes du monde, et formuler sur ces cosmogonies arbitraires les étranges symboles de leurs croyances, rappelons-nous que, manquant de données qui leur servissent de boussole, ils ne pouvaient que voguer à la merci des conjectures. En effet, la religion purement poétique des anciens peuples et leur mythologie fabuleuse ne fournissant aucune réponse satisfaisante aux questions fondamentales de la nature des choses et de la cause première, n'offrant même, dans ses dogmes, aucun vestige qui pût les orienter dans leurs recherches; ces premiers penseurs se virent réduits à se frayer, chacun selon l'impulsion de son esprit, un chemin qui les conduisît à l'idée de l'Être-Suprême, idée qu'ils crurent rencontrer dans le sein même de la nature, dont, pour cette raison, ils consacrèrent le culte.

Depuis eux l'humanité a parcouru un espace de vingt à vingt-cinq siècles. Vouloir, de nos jours, pour réformer le monde, nous ramener à ces époques premières, sans tenir compte des révolutions qu'il a subies, ni des enseignements qu'il a recueillis dans le cours de cette longue durée, ce serait courir les chances d'une tentative qui n'aboutirait que difficilement à d'heureux résultats, mais qui, selon ce que l'on a toujours vu en pareil cas, n'aurait probablement d'autre terme que de soulever une suite sans fin de questions insolubles. En effet, en déblayant le terrain de la philosophie de tous les faits qu'y a déposés l'expérience des siècles, en faisant table rase, tout se bornerait à préparer un théâtre aux vains jeux de spéculations hasardées, bien loin d'arriver par là à affermir les bases d'une philosophie solide, à déterminer les conditions de la vie intellectuelle et à en assurer le progrès. Y a-t-il lieu de s'étonner après cela, si de jeunes esprits, trop tôt séduits par les grands mots mal entendus de nature, de Dieu, de liberté, de raison et de progrès, se sentent portés, entraînés, par la force d'une fausse exaltation, soit à se créer une religion et à se faire ainsi eux-mêmes les auteurs de leurs croyances, soit à blâmer tout ce qui existe dans l'ordre social et à vouloir refaire le monde entier d'après leurs idées d'un jour.

Que la philosophie, engagée dans l'une ou dans l'autre des fausses directions signalées plus haut, exerce une influence préjudiciable à l'éducation et corruptrice pour la société, c'est un fait si manifeste qu'il ne demande aucune démonstration. J'aime mieux faire remarquer combien ses écarts lui sont nuisibles à elle-même. En effet il est arrivé, par suite de ses déviations, qu'elle n'apparaît plus que sous un jour défavorable, surtout aux yeux d'hommes dont l'entendement, plus particulièrement appliqué à la vie pratique, n'aperçoit rien au-delà des rapports généraux de l'ordre positif. Dans leurs préventions fondées à certains égards, mais injustes dans leur généralité, ils regardent le mot de philosophie comme synonyme de chimère. C'est ainsi que, chez les Romains, nous voyons plusieurs de leurs grands hommes d'état pénétrés d'un semblable mépris pour la futilité de la philosophie grecque. Et cependant on ne peut nier qu'il n'y ait au fond du travail scientifique qu'elle provoque, un précieux mobile, une noble disposition qui, bien dirigés, ne peuvent qu'être féconds en résultats très-salutaires. C'est ce que désigne fort heureusement la dénomination grecque: car le mot philosophie, dans sa signification primitive, ne nous offre point l'idée d'une science toute faite et complétement achevée; il se borne à indiquer ce qui doit faire l'objet de nos investigations en même temps qu'il suppose l'ardeur généreuse, le saint enthousiasme, qui s'éveillent en nous pour la vérité. Il implique même dans la vaste idée qu'il nous retrace, les règles qui doivent accompagner l'emploi de cette science.

Il est facile de comprendre que pour remédier radicalement à l'abus que l'on a fait de l'étude de la sagesse, il ne suffit pas d'en empêcher ni d'en prévenir les écarts; nous devons encore, et cette condition est indispensable, nous devons tracer et aplanir la route de la philosophie de la vie. Il faut donc que respectant d'une part les données fournies par la révélation, et de l'autre les faits existants dans l'ordre positif extérieur, elle évite soigneusement de se montrer hostile à l'un ou à l'autre de ces deux ordres et qu'elle se garde avec le même soin d'empiéter sur leurs domaines. Ce n'est qu'en se renfermant modestement dans les limites de son empire qui est la vie de l'intelligence, comme il a été dit plus haut, et en refusant constamment le concours direct de son action soit à la théologie, soit à la politique, qu'il lui sera possible de conserver sa dignité et son indépendance. Ne pensez pas toutefois que je veuille la réduire à un rôle inutile et concentrer l'objet de ses recherches dans un cercle de vaines spéculations; mais je prétends que ce n'est qu'en s'abstenant de toute espèce de participation en ce qui touche aux vérités positives, qu'elle peut exercer au-dehors une influence qui, bien qu'indirecte, n'en sera pas moins très-salutaire. Elle observera et fera observer les choses sous un jour plus universel et plus libre, et de cette sorte elle trouvera l'occasion de dissiper sur sa route bien des nuages qui planent sur toute la sphère de l'humanité et entretiennent de dangereux malentendus, en même temps qu'elle écartera un grand nombre de pierres d'achoppement qui servent à troubler notre époque, à égarer les esprits et à les maintenir dans un état de division. C'est ainsi qu'elle conservera toute l'efficacité de sa vertu conciliatrice et qu'elle remplira la mission dont elle est chargée.

L'objet de la philosophie est donc la vie de l'intelligence. Elle l'embrasse dans toute sa plénitude et non dans l'une ou dans l'autre de ses parties seulement. Quant à la méthode qui lui convient, avant de chercher à en déterminer la nature, disons que la philosophie de la vie suppose la vie, c'est-à-dire, qu'outre la vie organique elle requiert encore un principe de vie intellectuelle, ou, en d'autres termes, elle suppose la conscience humaine déjà éveillée dans tous ses sens et en voie de développement. Cette condition est indispensable, attendu qu'elle a pour objet de répandre la lumière de la science sur tous les faits qui forment l'ensemble de la conscience et de l'éclairer dans toutes ses directions. Or, pour lui faire atteindre ce but, on conçoit qu'une méthode trop recherchée, c'est-à-dire trop prolixe par ses détails, ou trop artificielle dans ses procédés, serait plus propre à l'entraver qu'à en faciliter la marche. C'est en ce point surtout que consiste l'immense différence qu'il y a entre la philosophie de la vie et la philosophie de l'école. Veut-on ne considérer la philosophie que comme une branche essentielle de l'enseignement scientifique élémentaire, alors tout se borne à l'enseignement de la méthode que l'on peut appeler logique, selon l'ancien usage, ou l'enseignement par excellence, selon une dénomination plus commune. En effet, il s'agit bien moins, dans cet enseignement, de l'objet même de la philosophie qui reste très-éloigné, et que le manque d'une expérience intellectuelle suffisante met encore au-dessus de la portée des élèves, que d'un exercice préliminaire de l'esprit dans les lois de la méthode, exercice nécessaire aux études ultérieures, et applicable à toutes les branches de la science. Mais qui ne voit que cet exercice n'est qu'une préparation à la philosophie et non la philosophie elle-même?

Un moyen de rendre l'enseignement philosophique de l'école très-intéressant et très-fécond, serait peut-être de lui faire embrasser l'histoire de l'entendement humain. Qu'y aurait-il de plus attrayant et de plus propre à pénétrer de jeunes intelligences qu'un exposé clair des différents systèmes dus à la sagacité du génie grec? On pourrait y ajouter, si l'on voulait lui donner plus d'extension, un aperçu de la science des Égyptiens et même jusqu'aux théories non moins remarquables ni moins variées des Indiens, ces Grecs de l'ancien monde. Mais ce travail empiéterait sur le domaine de l'érudition et n'offrirait plus à tous le même intérêt. Après tout, il ne serait que l'histoire de la philosophie et non la philosophie elle-même.

On concevra diversement les rapports réciproques qu'il y a entre l'enseignement de l'école et celui de la philosophie de la vie, selon la notion que l'on aura de l'objet de la philosophie en elle-même. Or, cet objet, on peut se le représenter, ou dans l'ordre des idées abstraites ou dans l'ordre des réalités. Il est des penseurs qui ne connaissent d'autre philosophie que celle qui se meut dans un cercle d'abstractions. Selon eux, elle consite en un système d'idées raffinées et quintessenciées, si l'on peut parler ainsi, qui, portées sur les ailes d'une subtile dialectique à peine saisissable à la perspicacité humaine, tendent incessamment à s'élever jusqu'aux plus hautes régions du monde des intelligences, puis, franchissant toutes les bornes posées à la conception de notre esprit, elles vont se perdre dans le vague de l'incompréhensible. Et n'a-t-on pas vu récemment en Allemagne la science nous proposer gravement l'intelligible comme le caractère essentiel de la vraie philosophie? J'avoue que j'ai toujours eu une grande défiance de cette philosophie qui se place dans une lumière inaccessible. Si l'auteur nous assure se trouver, pour son compte, entouré de toute la certitude de l'intuition, il a grand soin de nous dire aussi qu'il conçoit parfaitement qu'il ne soit point compris de la plupart des mortels, pour ne pas dire d'aucun absolument. Il n'y a dans toutes ces idées creuses que le sombre jour d'une lanterne sourde, ou le faux éclat de l'illusion.

Pour des esprits ainsi engagés dans la voie des abstractions, il est clair que l'enseignement de l'école est considéré comme tenant le premier rang, comme portant le caractère de la vraie science, c'est-à-dire le caractère de l'inintelligible. Celui de la philosophie de la vie, au contraire, n'est à leurs yeux qu'une espèce de traduction populaire du premier, mise à la portée de la conscience du commun des hommes au moyen du langage usuel, traduction qui, malgré sa clarté apparente, malgré le talent d'élocution et d'exposition de l'auteur, n'en demeure pas moins inintelligible, le plus souvent, pour quiconque la soumet à un examen sérieux, parce que les pensées qui en font l'objet étant obscures dans leurs principes mêmes, l'exposition la plus claire ne peut les placer dans un plein jour.

Mais outre cette philosophie stérile, infructueuse, qui s'égare dans les régions inaccessibles de la métaphysique, il est une autre philosophie vivante, féconde, qui se renferme dans le domaine de la vie. Loin de s'envelopper des ténèbres mystérieuses de l'incompréhensible, elle se place au grand jour de l'expérience; car, n'ayant pour objet que ce dont tout homme a la conscience, pourvu que le développement de ses puissances intellectuelles ait atteint un certain degré, rien n'empêche que l'exposition n'en soit claire et facile. Ici, comme on le voit, le point de vue change, et pour les partisans de ce dernier système, l'enseignement de la philosophie de la vie occupe la première place, tandis que celui de l'école n'a qu'un rang secondaire : et quel que soit le mérite, quelle que soit même la nécessité de ce dernier, néanmoins il ne se montre dans cette nouvelle perspective que comme une conséquence, un corollaire ou une application du premier.

La méthode de la philosoppie de la vie, conformément à la nature de son objet, doit être une méthode vivante. Ce point est de la dernière importance. Il n'est pas besoin toutefois que, dans l'application, elle se présente sous un mode toujours inflexible et également sensible : il faut au contraire que, souple dans ses formes, elle proportionne la rigueur de ses procédés au but que l'on se propose d'atteindre. Pour rendre ma pensée plus claire, j'emprunterai quelques comparaisons à la vie pratique, dont les affaires et les arts les plus importants reposent en général sur les mathématiques qui en forment comme la méthode. Or, tout le monde sait que pour les actes de la vie, quelles que soient du reste leur nature et leur gravité, mille circonstances nous empêchent de recourir, quand nous le voulons, aux éléments de ces sciences et d'entrer dans les détails de leur méthode. On les suppose connus et démontrés; et l'on s'en tient à ceux de leurs résultats qui sont immédiatement nécessaires à l'exécution de nos desseins. L'économie domestique, par exemple, dans la maison du prince comme dans celle du laboureur, repose, en dernière analyse, sur les premiers principes de l'arithmétique : mais où serait-on conduit, si pour toutes les affaires de détail, il fallait remonter aux règles de la numération et s'assurer par les procédés ordinaires de leur justesse et du plus ou du moins de sécurité qu'il peut y avoir à en faire l'application. C'est la géométrie qui sert de base à la stratégie. Supposons un général rangeant une armée en bataille, invoquera-t-il à son secours les lumières de ses traités élémentaires, afin d'établir sur des démonstrations fondamentales l'ordre dont il médite l'exécution. L'astronome enfin, dont presque tous les travaux consistent en opérations algébriques, veut-il nous faire observer quelque phénomène céleste, il dispose son télescope et se garde bien d'importuner par des calculs compliqués, que peut-être il a faits pour lui-même, ceux qu'il désire intéresser par la nouveauté du spectacle qu'il leur procure.

Ce serait méconnaître la nature des choses, que de ne voir dans ces rapprochements faits entre la vie pratique et la vie intellectuelle, que les relations arbitraires et conventionnelles de pures comparaisons ; il y a entre ces deux vies toutes les conditions qui établissent une parfaite ressemblance. Leurs fonctions, leurs arts, leurs moyens de communication respectifs se touchent par les rapports les plus étroits de l'analogie. Et d'abord n'est-il pas évident que tout, dans l'ordre de la pensée, et la philosophie principalement, réclame les règles d'une sage économie qui embrasse surtout cette masse d'idées qu'une circulation continuelle soumet à tant de chances de gaspillage? Cette mesure me paraît d'autant plus urgente que, de nos jours, l'étendue prodigieuse des richesses de l'intelligence et l'étonnante rapidité avec laquelle s'en opère l'échange, ne permettant pas toujours de maintenir un équilibre convenable entre la recette et la dépense, on pourrait compromettre les biens les plus précieux de l'esprit, en ouvrant la voie à une folle dissipation, ou, ce qui ne serait pas moins déplorable, en donnant lieu à un faux système de crédit, dépourvu d'un capital assuré, c'est-à-dire à un système manquant de principes fondamentaux certains et de vérités fécondes en résultats pratiques et durables.

En second lieu, qui ne sait que le terrain de la philosophie n'est, le plus souvent, qu'un champ de bataille où l'on voit se reproduire la lutte, sans cesse renaissante, de la vérité et de l'erreur. Puissions-nous, messieurs, rangés sur ce même terrain, remporter par nos efforts communs, une victoire signalée sur les innombrables erreurs auxquelles nous allons déclarer la guerre, je veux dire sur ces erreurs qui sèment la division dans les esprits, troublent l'harmonie de la vie et minent la paix jusque dans le monde pacifique des intelligences! Enfin, peut-être me sera-t-il donné aussi, en portant votre attention vers les hautes régions de la science, de diriger de temps en temps vos regards sur quelques astres jusqu'à présent inconnus ou mal observés. C'est là, messieurs, le plus ardent des vœux que je forme, comme aussi le principal but que je me propose en commençant le cours de nos leçons.

Il est encore une remarque importante que nous ne devons point omettre: c'est que, si la philosophie s'écarte de son objet et dénature la notion que nous nous en formons, toutes les fois qu'elle pénètre dans le domaine de la théologie pour s'identifier avec elle, ou toutes les fois qu'elle s'immisce dans la politique extérieure; de même elle se méprend sur le choix de sa méthode quand elle veut imiter les

2.

procédés artistement combinés de l'enseignement des mathématiques. On se souvient que vers le milieu du dernier siècle, presque tous les livres élémentaires allemands étaient, dans la plupart des sciences, composés d'après les formes rigoureuses de ce genre de démonstration. C'était une suite sans fin de paragraphes, disposés comme en ordre de bataille, où chaque proposition, uniformément entourée de l'appareil algébrique d'une défiante logique, se terminait par le coup décisif d'un *ergo*. On sait aussi le progrès que ce ridicule enseignement a fait faire à la philosophie. Et que pouvait-il produire? Ce n'était qu'un tissu d'hypothèses arbitraires, en partie oubliées de nos jours, étant par leur essence même étrangères à la vérité philosophique, c'est-à-dire à cette vérité qui est quelque chose d'un peu plus élevé qu'une combinaison triviale de calcul.

Quoique la philosophie, en Allemagne, ait pris depuis une allure plus dégagée, cependant elle n'est pas encore entièrement affranchie de ces formules algébriques, formules banales et perfides sous lesquelles viennent s'allier, comme dans une fusion commune, les propositions les plus diverses et même les plus contraires.

La méthode que réclame notre philosophie doit présenter un tout autre caractère : elle doit être plus subtile, plus spirituelle ; il faut qu'elle procède de l'essence même de la vérité dont elle devient la forme. Si pour jeter plus de jour sur ce point, on voulait invoquer la lumière de quelque comparaison, c'est à la nature et à la vie qu'il faudrait la demander et non aux mathématiques. De même que l'aspect d'un édifice dont une exacte proportion règle toute les parties, plaît à l'œil du spectateur qui en saisit facilement l'harmonie, de même il faut que dans l'exposé d'un système philosophique, les principes qui servent de base une fois inébranlablement établis, toutes les parties qui concourent à l'ordonnance générale se présentent dans leur ensemble, de manière à faire naître une harmonie, une unité naturelle, spontanée et saisissable à la première vue. Cette condition est la preuve la moins équivoque de la justesse des principes, le gage le plus assuré de la clarté du développement ultérieur, en même temps que la garantie la plus certaine contre l'introduction de toute proposition hétérogène.

Mais cette ordonnance générale a des rapports de ressemblance plus immédiats encore avec un objet pris dans la nature animée et soumis aux lois du progrès. Que l'on se représente un arbre majestueux, étalant avec magnificence le luxe de ses branches et de ses rameaux. Il présente, si l'on veut, à l'œil peu attentif, un tout assez irrégulier et assez imparfait, soit qu'on suive son accroissement à partir des racines, soit qu'on l'examine dans la division capricieuse de ses branches, soit encore qu'on le voie se mouvoir au gré des vents : mais l'a-t-on observé de plus près, quelle parfaite structure, quelle merveilleuse symétrie, quelle délicate régularité n'aperçoit-on pas dans son ensemble et jusque dans la plus petite de ses feuilles, dans la plus imperceptible de ses fibres!

C'est ainsi, à mon avis, que la philosophie devrait nous représenter l'arbre toujours croissant de la conscience humaine : car, pour lui conserver cette végétation vigoureuse, cette sève féconde qu'elle tire de la vraie science, il faut que l'esprit se le représente, il faut, si je puis parler ainsi, qu'il se l'implante plein de vie ; autrement bientôt l'action délétère des fausses doctrines l'aura dépouillé de ses feuilles et le rongera même insensiblement jusqu'aux racines.

Mais si la disposition générale d'un système philosophique ne doit point être le résultat d'une combinaison artificielle, il faut en dire autant de la liaison des pensées de détail dans le développement des parties secondaires. Puisqu'il renferme en lui-même le principe de son expansion, la connexion des idées partielles ne peut ressembler à rien de mécanique. La nature, dans ses innombrables phénomènes, va encore nous fournir une image vivante de cette connexion. Qui ne connaît les propriétés merveilleuses de la boussole, de cette aiguille dont le tact délicat, dès qu'elle a subi l'influence de la terre, se met, comme par enchantement, en rapport avec les pôles du globe, aiguille intelligente qui, comme on le sait, dirigea sur les plages inconnues du vaste Océan, la course aventureuse du plus entreprenant des navigateurs et le conduisit à la découverte d'un monde inconnu. Tel et plus subtil encore doit être le fil secret qui lie entre elles les pensées secondaires du système. Le monde intellectuel a son magnétisme aussi, et les idées sont douées d'une vertu d'attraction qui, tant qu'elle n'est point paralysée, tend à les coordonner par rapport à un centre commun.

Outre cette harmonie, cette unité d'ensemble qui se manifeste surtout à l'extérieur, et dont nous venons de parler, la production et le développement d'un exposé de la philosophie en suppose une seconde d'un ordre différent. Celle-ci doit être plus intrinsèque, plus radicale et plus spontanée encore que la première. La nature, malgré l'immense variété de ses symboles, ne peut nous en fournir l'idée. La vie seule peut nous la faire concevoir, non plus sous des formes analogiques et figuratives, mais en s'interrogeant elle-même ; en sondant les principes, les sources d'où elle émane ; car cette unité n'est que la vie elle-même, et son nœud mystérieux va se perdre dans les profondeurs de l'être moral. On prévoit sans doute que c'est de l'unité de sentiment que je veux parler, c'est-à-dire de ces lois ineffables de la génération de la pensée, de cette logique vivante qui préside à la conception et à la formation d'un système d'idées, en organise les parties et les anime toutes du même souffle. Cette unité porte toujours avec elle un caractère qui nous frappe, quelque part que nous la rencontrions et quand bien même nous resterions étrangers aux convictions qu'elle suppose. Elle ne dépend aucunement des formes extérieures du discours, et n'a rien de commun avec les méthodes même les plus ingénieuses. En effet, combien de fois n'arrive-t-il pas que dans un discours politique, par exemple, sans liaison apparente dans ses parties, mais prononcé à la hâte d'après les exigences du moment, on l'aperçoive se faire jour à travers les expressions négligées de l'orateur, paraître entière et énergique, et commander notre admiration; tandis que souvent, dans une des œuvres que l'on nomme ouvrage d'esprit, composée selon toutes les règles de l'art, nous ne rencontrons qu'une profondeur apparente et une unité factice. A peine avons-nous levé l'écorce systématique, qu'il ne reste plus qu'une méchante compilation de pensées fortuites et incohérentes, d'opinions et de demi-vues empruntées; production pitoyable, dépourvue de tous les caractères de l'unité de sentiment.

L'objet de mes désirs, messieurs, dès notre début dans la carrière philosophique que nous nous proposons de parcourir ensemble, serait de vous présenter le plan général de mes conceptions, d'une manière claire qui vous permît d'en saisir aisément l'unité. L'ordonnance des parties constitutives une fois bien comprise, j'ai la confiance que vous reconnaîtrez avec la même facilité, l'harmonie des parties secondaires. Alors je pourrai me flatter que vous verrez aussi se développer de plus en plus, à mesure que vous pénétrerez plus avant dans ma pensée, l'unité de sentiment qui doit surgir du fond même de l'édifice, comme nous venons de le dire. Ne croyez point toutefois rencontrer cette dernière unité, surtout dès le commencement, dans des propositions isolées et dans des vues partielles, dont la place, dans le cadre général de mes idées, ne vous est pas encore bien connue. Je vous prie de suspendre votre jugement à cet égard, et d'attendre qu'une exposition complète vous ait présenté un point de vue d'où votre œil puisse embrasser l'ensemble du système. Moyennant cette précaution, j'aurai l'espérance que le sens détaché de mes paroles, exprimées avec clarté, ne fera sur vos esprits aucune impression défavorable, même là où de nombreux points de dissidence retiendraient encore votre conviction; je me flatte, au contraire, d'éveiller en vous le doux désir de nous rapprocher sur les questions où nous pourrions être séparés. Les fruits les plus précieux de la vraie philosophie, vous le savez, messieurs; sont d'exercer une force conciliatrice qui rétablisse l'harmonie dans le monde de la pensée et dans la vie.

Telle est l'étendue que j'ai cru devoir donner à mes observations sur l'objet de la philosophie, sur la méthode que sa nature comporte et sur celle qu'elle repousse. Enfin il nous reste à examiner une condition très-importante, je dirai même indispensable au progrès de son développement. Cette condition, c'est le choix d'un point de départ. Que l'on ne s'imagine pas le trouver dans les propositions ou dans les thèses que l'on voit figurer à la tête de l'exposition d'un système. Il faut, au contraire, aller le chercher dans ses parties les plus secrètes; car c'est la pierre angulaire que l'on ne découvre qu'en creusant jusqu'aux fondements de l'édifice; c'est l'idée mère que l'on ne connaît qu'après avoir soigneusement étudié la physionomie, la face caractéristique du système auquel elle a donné le jour. Si pour nous conformer à la nature même de la philosophie de la vie, nous prenons pour base de notre théorie l'ensemble de la conscience humaine, c'est-à-dire, l'intelligence prise avec toutes ses facultés dont nous considèrerons l'âme comme le centre ; nous aurons un point de départ très-simple. A la vérité, dans le cercle vivant qu'il embrasse, il offre plusieurs points d'où peut partir l'impulsion scientifique : mais cette multiplicité apparente de centres d'action ne détruit point l'unité essentielle : car, de quelque part que vienne le premier mouvement, il nous ramènera toujours au centre principal, à l'âme dont il provoquera l'expansion, et déterminera ainsi le progrès de la science.

En indiquant, dès le commencement de cette leçon, les deux voies d'erreur ouvertes à la philosophie, nous avons dit que la véritable direction tient le milieu entre elles. Nous avons à constater ici que cette direction part du centre même de la base que nous lui assignons ; en d'autres termes, nous avons à démontrer que l'impulsion donnée par l'âme la conduit en ligne directe dans le domaine de la vie intellectuelle. Nos preuves ressortiront d'elles-mêmes du contraste que fera naître un examen succinct des faux principes qui ont servi de point de départ à la philosophie moderne, et sous ce nom je comprends l'école française du dix-huitième siècle et l'école allemande moderne. J'ai dit les faux principes : car je suis autorisé à les qualifier ainsi, tant à cause des résultats auxquels ils ont conduit, qu'à cause de leur vice intrinsèque. En Allemagne, comme en France, la philosophie débuta toujours en se constituant l'ennemie de la raison; de sorte qu'on eût cru qu'en vertu de sa nature même elle était destinée à essayer ses forces en organisant un système d'attaque contre son plus puissant auxiliaire. Toutefois ne nous y laissons pas tromper : cette guerre déclarée à la raison n'était qu'une ruse, derrière laquelle se tramaient de noirs complots dirigés contre quelque chose de plus grand, et dont on se proposait de confier plus tard l'exécution à la raison elle-même.

En France elle commença par tout rapporter aux sensations. Or, en accordant aux organes des sensations le privilége exclusif des connaissances humaines, on se donnait, par là même, le droit de tout faire dériver d'eux, et on le fit. Les philosophes refusant de reconnaître les titres d'origine et les priviléges de la raison, ne voulurent plus voir en elle que le résultat, le produit chimique d'impressions matérielles. Mais, leur objectait-on, quelque portée, quelque puissance que l'on attribue aux sens, quelque grande que soit la part qu'ils aient à revendiquer dans le domaine de la pensée, il est néanmoins évident que la conception collective de ces impressions, leurs rapports réciproques, en un mot l'unité de la conscience dans laquelle elles viennent se grouper avec ordre, ne peut nous venir du dehors. Ils laissèrent objecter et poussèrent leur entreprise; car ils ne voulaient point se borner à ce premier renversement d'idées. Jusqu'ici ils n'avaient fait que poser les prémisses, et ils avaient résolu de ne se reposer qu'après en avoir tiré les déplorables conséquences.

Ils se virent donc en mesure d'attaquer l'ordre surnaturel. Ils jetèrent, ils foulèrent aux pieds tout ce qu'ils ne purent faire rentrer dans le cercle des sensations, tout ce qui, à raison de sa subtilité, se refusait à l'épreuve chimique de leur conception grossière. Et pour en étouffer jusqu'à la foi, ils en éteignirent jusqu'à la connaissance.

N'allons pas croire qu'ils se bornèrent à détruire l'ordre positif qui fait l'objet de nos croyances. Du domaine de l'entendement à celui de l'imagination, il n'y a qu'un pas. Après avoir renversé le vrai, il était naturel qu'ils détruisissent le beau. Aussi n'omirent-ils rien pour nier, corrompre, avilir les idées du noble, du beau et du grand. En un mot, tout ce qui, dans les différentes branches des connaissances humaines, pouvait trahir la notion de Dieu, tout ce qui semblait révéler quelque rapport caché avec un monde supérieur, fut rabaissé au niveau des idées matérielles ou englouti dans les abîmes d'une incrédulité complète.

Le premier acte de cette philosophie fut, comme on vient de le voir, de dépouiller la raison de ses titres et de ses droits pour la placer au-dessous des sensations dont on la faisait dériver : mais, chose inouïe ! à peine a-t-elle déclaré la guerre au règne surnaturel, que c'est à la raison elle-même qu'elle emprunte ses armes, non, il est vrai, à une raison saine, savante et morale, mais à une raison perverse, sophistique et impudente, qui joint le redoutable sarcasme de l'esprit sceptique à tous les prestiges de la diction la plus riche et la plus variée. De quelque modération que l'on soit animé, on ne peut, sans dénaturer les notions des choses, s'empêcher de donner le nom d'athée à un système hostile, dans sa direction générale, à tout ce qu'il y a de divin; et l'histoire nous apprend qu'il le fut dans ses résultats, comme l'examen nous prouve qu'il l'était dans son esprit.

A l'époque qui précéda la révolution, la philosophie française prit une direction différente. Elle abandonna les armes du sarcasme et ne se montra plus que sous les traits séduisants d'une éloquence de feu. Les esprits résistèrent difficilement à ses charmes, et les cœurs les mieux nés furent souvent entraînés. Par cela même cette nouvelle tactique fut, s'il est possible, plus funeste que la première. « La raison telle que l'a » faite la civilisation, la civilisation elle-même » sont deux choses contre nature. C'est le produit » bizarre d'institutions conventionnelles, c'est le » résultat fortuit de l'invention de l'homme; la » seule condition en harmonie avec les be- » soins de la constitution humaine, c'est l'état de » nature. »

Voilà ce que l'on disait, et pour arracher le genre humain à un naufrage inévitable, au milieu du débordement toujours croissant de la civilisation, on lui jeta le *Contrat social* comme planche de salut. La génération d'alors eut l'imprudence de faire l'application de cette étrange théorie. L'expérience lui apprit une chose qu'elle paya chère : c'est qu'un pareil système, appliqué en grand, peut bien faire régner tour à tour le despotisme de la liberté et celui du sabre, mais qu'il est aussi impuissant à nous ramener à l'état de civilisation qu'il a été incapable d'opérer le retour à l'état de nature. Les leçons puisées à l'école sanglante des faits nous dispensent de mettre ici au jour l'absurdité de ces désolantes doctrines. Remarquez qu'ici encore la philosophie débuta en se constituant l'ennemie de la raison. Elle l'a diffama comme quelque chose d'abusif, comme une monstrueuse aberration de la nature; mais notez bien en même temps que ce n'était que pour se jeter plus tard dans ses bras avec l'univers entier, et pour lui donner une royauté absolue sur toute l'étendue des choses divines et humaines. Une marche analogue se fera toujours remarquer, toutes les fois que méconnaissant les droits et les prérogatives de la raison, elle n'en fera que l'instrument passif et docile de ses recherches et son unique point d'appui.

La philosophie allemande moderne, entièrement différente de la française quant à la forme et quant à l'esprit, exerça, sur le théâtre étroit des jeux de sa métaphysique, une influence beaucoup moins universelle, et si de temps en temps elle produisit quelque anarchie, ce ne fut guère qu'une anarchie d'idées. Néanmoins quoique engagée dans une autre voie, elle marcha dans le même ordre. Elle voulut aussi régenter la raison, elle réprima ses prétentions et la renferma dans les limites les plus étroites ; mais on verra que cette mesure de sévérité n'aboutit qu'au triomphe de cette même raison ; car elle provoqua une réaction qui lui fit décerner une royauté absolue et même les honneurs de l'apothéose.

Le fondateur de cette nouvelle école établit d'abord, avec un grand luxe de preuves, que la raison, est par elle-même, incapable d'arriver à la connaissance des vérités surnaturelles, que toutes ses tentatives, faites dans ce but, n'ont d'autres résultats que de l'engager dans un labyrinthe de difficultés et de contradictions. L'impuissance de la raison, à cet égard, une fois constatée, il en conclut la nécessité d'une foi quelconque et se crut en droit d'en formuler le symbole. Cette foi cependant, née d'elle-même, sans garantie étrangère, ne se crut pas trop digne de confiance à ses propres yeux : et en effet, vue de près, ce n'était que la vieille philosophie qui, après avoir été chassée solennellement du palais de la science, venait s'y introduire de nouveau, à la faveur d'une porte dérobée, et sous un masque emprunté.

Mécontente d'un système auquel elle ne pouvait donner unité ni consistance, la philosophie allemande résolut de se dégager de l'ordre des réalités, pour aller s'abîmer dans le sein de l'idéalisme pur. Elle se créa une prétendue science absolue sur laquelle elle régna d'abord en souveraine, sans être inquiétée. Mais dès qu'on se fut convaincu de plus en plus que, dans ce monde étrange, il n'était question que d'un dieu-raison, idéal comme tout le reste, dépourvu d'une réalité objective qui lui fût propre, et ne pouvant s'individualiser que dans le moi humain devenu absolu, alors un soupçon s'éleva sur l'insoutenable égoïsme de cette science et ensuite une accusation d'athéisme se fit entendre.

Remarquons en passant que l'équité semble commander quelque discernement dans l'emploi de cette qualification. Sans doute on ne doit pas confondre un simple renversement d'idées avec un rejet insolent de toute vérité surnaturelle : au moins pourrait-on qualifier la première de ces erreurs d'athéisme scientifique, et mettre ainsi la personne à l'abri de ce que la dénomination a d'offensant. En effet (le cas présent nous en offre un exemple), l'athéisme scientifique peut très-bien se concilier avec la profession du stoïcisme moral le plus rigoureux. Néanmoins on ne peut dissimuler que ce système n'ait opéré un violent bouleversement dans l'ordre idéal de la science.

Cependant l'école allemande se dégoûta de la stérilité de ses conceptions et de la transcendance de sa dialectique : elle se prit d'admiration pour la nature et se jeta dans ses bras, espérant y trouver la vie et y respirer à l'aise. Bien que sur ce nouveau terrain, elle produisît de nombreux et de précieux fruits, elle ne put cependant se défaire de ce fantôme de l'absolu qui la suivait partout. On l'accusa de panthéisme, on lui reprocha de déifier la nature. A dire vrai, ce n'est pas la nature qu'elle déifiait, mais bien le simulacre de la raison sur lequel elle faisait reposer l'édifice de sa science, raison qui, au fond, n'était que la vieille métaphysique à formes algébriques, à laquelle on venait de donner un certain air de jeunesse en l'appliquant à la nature.

Toujours fidèle à son premier plan, la philosophie manifesta d'abord un profond dégoût pour la raison qu'elle rangea au-dessous de la nature ; puis elle finit par lui attribuer les propriétés de l'absolu, et par en faire le principe de toute chose. Considérée comme science naturelle, cette théorie n'offre point l'ensemble systématique d'une organisation essentiellement vicieuse, elle ne présente que des erreurs locales et comme des excroissances qui la défigurent. C'est pourquoi le reproche de panthéisme ne pèse pas avec le même poids sur toutes les personnes qui ont pris une part active soit à sa formation, soit à sa propagation.

Dans les derniers temps l'école allemande retomba en partie dans le cercle de ses subtilités dialectiques. Elle ne se perdit plus, il est vrai, dans une vaine *idéalisation*. Moins stérile cette fois, elle conçut toutes les choses avec leur objectivité propre; elle sentit également la nécessité de réaliser l'idole de la raison, afin de la placer convenablement sur le trône de l'absolu qu'elle lui avait préparé. Elle l'évoqua donc, de sa parole puissante, du sein oisif de l'idéalisme et la revêtit de son individualité. Malgré cette précaution, quand on considère avec quelle attitude ennemie l'esprit s'est jeté dans la voie des négations et avec quel empire le principe d'incrédulité règne dans tout ce système, on est porté à y voir un renversement d'idées encore plus déplorable que dans le précédent. Car, ne nous y laissons point tromper, c'est précisément cet esprit de négation que l'on divinise; c'est l'incrédulité elle-même qui, à la faveur d'une abstraction illusoire, veut se substituer au Dieu vivant.

On ne peut qu'être frappé du rapprochement et de la coïncidence des résultats auxquels est arrivé l'esprit d'erreur de notre siècle, en suivant les différentes directions que lui ouvrent les diverses branches des connaissances humaines. On a vu les talents les plus opposés par leur nature, les plus distincts par leur objet, n'ayant entre eux aucun point de contact ostensible, se rencontrer soudain, frappés du même trait de lumière illusoire, ou pour mieux dire, charmés par les mêmes ténèbres lumineuses.

Dans une représentation tragique qui a pour sujet le premier des fratricides, un poëte anglais, homme d'un esprit prodigieux et le plus remarquable, sinon le plus grand des poëtes de l'époque, nous faisant voir l'ennemi commun du genre humain, le roi de l'abîme comme l'instigateur de ce meurtre, s'attache à nous le dépeindre comme le contempteur par essence de l'ordre divin, comme le chef de tous les esprits rebelles. Le tableau qu'il en trace est frappant de vérité; on le dirait dessiné d'après nature. Il est infiniment supérieur à toutes les peintures qu'en avaient faites, avant lui, les poëtes les plus célèbres, dont les conceptions arbitraires ne nous représentent qu'un fantôme dénué de vraisemblance. Mais qui le croirait? tandis qu'au delà de la Manche, la poésie verse avec une prédilection qui se trahit, tous les charmes de l'imagination la plus riche sur la sombre figure de ce brillant tableau; c'est-à-dire, tandis qu'elle couronne l'esprit de négation et de mensonge, il arrive qu'en deçà du Rhin, la philosophie, dans ses derniers écarts, lui élèvant un trône sur les débris de ses systèmes écroulés, se proclame Dieu dans le langage indéchiffrable de sa métaphysique. Ne dirait-on pas que c'est en vertu d'une harmonie prédéterminée, que le poëte et le philosophe antichrétiens arrivent, sans le savoir, au même degré d'une triste sublimité. Quoi qu'il en soit de cette inconcevable confusion d'idées, on peut la considérer comme la troisième période de l'idéalisme et comme le point culminant de l'athéisme scientifique.

Pour résumer en peu de mots mon opinion sur la philosophie moderne, soit de l'école allemande, soit de l'école française, dont je vous prie de ne point perdre de vue les rapports avec la philosophie de la vie, je dirai : Je suis pénétré de respect et d'admiration pour les découvertes immenses et riches en résultats dont nous sommes redevables à la physique, j'admire surtout les prodigieuses dimensions qu'a pris le développement des sciences naturelles en France, parce qu'autant qu'il m'est donné de l'apprécier, il suppose un progrès réel de l'esprit humain, et en promet un plus grand encore pour l'avenir : mais je repousse de toutes les forces de mon âme le matérialisme qui s'était emparé d'elle et qui, de nos jours, compte encore tant de partisans. J'honore et je chéris, dans la science allemande, ses conceptions élevées, ses investigations universelles : je préfère la philosophie de la nature à celle de nos voisins, parce qu'elle rattache davantage à l'ordre spirituel les grandes découvertes faites dans l'ordre naturel : mais quant à ce faux idéal qui marche à ses côtés, et l'enveloppe en quelque sorte dans le réseau de sa dialectique pour s'en constituer le maître, et s'établir ainsi le principe absolu de toute chose, erreur dont n'est point encore entièrement purgé le système actuellement dominant, je ne puis m'empêcher de le considérer comme une aberration intellectuelle des plus préjudiciables dans ses effets.

C'est assez avoir examiné les différentes faces de ces systèmes, étrangers par leur nature à la science de la vie qui nous occupe. Par cet examen j'ai voulu, à l'aide d'un parallèle, mettre dans tout son jour le vrai centre de la philosophie. Mon but est rempli. Procédons maintenant à l'exposition de nos pensées.

Ne donner à l'essor scientifique pour point de départ que la faculté dialectique, toujours très-exercée dans le penseur, puis s'élever à vol d'aigle et aller à la découverte de je ne sais quel rêve de science absolue, c'est, comme on vient de le voir, passer loin des régions de la vérité pour aller se perdre dans le vague de l'idéal, et retomber ensuite lourdement dans le chaos des contradictions, et de là, dans l'empire de l'esprit de négation et de mensonge. Pour donner aux recherches de notre esprit une direction droite et certaine qui en garantisse les résultats, il faut avant tout se former une notion exacte et complète de la conscience ; il faut en connaître toutes les facultés et les avoir vues en action dans leur plein développement; puis, se plaçant au centre et dominant tout le cercle de son extension, il faut pouvoir répondre à ces questions : de quelle nature sont les vérités auxquelles la conscience peut atteindre? Peut-elle arriver à la connaissance des faits renfermés dans l'ordre de la nature? Peut-elle s'élever jusqu'aux idées surnaturelles? Quelle est la portée de ses investigations dans l'un et dans l'autre de ces deux ordres de choses.

De même que, dans la nature, l'âme en général est le principe de toute vie, de même aussi, dans l'homme, l'âme pensante est le centre, le principe de toute activité intellectuelle. En tant que puissance de la conscience, l'âme renferme d'une part la raison, c'est-à-dire la faculté d'analyse, de combinaison et de déduction; de l'autre, elle renferme l'imagination, c'est-à-dire la faculté de réflexion, d'invention et de conjecture. Ces deux facultés se tiennent sans cesse à ses côtés comme des compagnes inséparables. C'est encore elle qui, en qualité de terme moyen, remplit l'abîme qui sépare l'entendement de la volonté. Elle forme entre l'une et l'autre comme un point de transition et leur ouvre ainsi une voie de communication. Créatrice du monde intellectuel, elle renferme en elle tous les éléments qui le constituent. De l'immuable au contingent, de l'obscure conjecture à l'évidence la plus lumineuse, de la spéculation à la pratique, en un mot, d'un pôle à l'autre du monde des réalités, il n'est aucune vérité, il n'est aucun fait dont elle n'ait ou ne puisse avoir l'idée et la représentation, dans une mesure toujours proportionnée à la nature et au degré de clarté avec lesquels ils lui apparaissent. Semblable à l'immensité divine qui embrasse et vivifie tout dans son sein, l'âme aussi porte en elle l'univers en images, elle lui communique la vie avec un mouvement continuel. Et si tout mouvement, dans la nature, nous atteste la présence d'une force vivante, si la pulsation du pouls dans l'être animal est un gage de vie, de même tout mouvement scientifique, tout battement intellectuel nous fait reconnaître l'action vivifiante de l'âme pensante.

Mais comment saisir, me direz-vous, dans le vague de cette description grandiose, une définition exacte de la conscience ? J'avoue que notre but n'est point atteint. Essayons d'y parvenir par une autre voie. Si elle vous paraît un peu hasardée, peut-être aussi nous y conduira-t-elle plus facilement. Établissons entre la conscience de l'homme et celle des autres natures intelligentes créées, un parallèle qui nous permette de reconnaître le côté caractéristique de la première. L'âme raisonnable, la raison, nous répète-t-on, jusqu'à satiété, voilà ce qui distingue l'homme de la bête ! D'accord. Mais est-ce là donner une définition complète de l'homme? C'est ne le voir que sous un de ses côtés. Faudra-t-il donc toujours avoir nos regards fixés sur la matière et ne les élever jamais au-dessus de nos têtes ? Je veux dire par là : supposé qu'il existe d'autres esprits créés, un coup d'œil jeté sur leur conscience toute spirituelle ne pourrait-il pas, par la lumière d'un contraste, faire ressortir tout ce que la nôtre offre de saillant et de distinctif dans celle de ses parties qui touche au monde des esprits et que l'on perd de vue si souvent? Je suis loin de vouloir ici me livrer à des recherches sur le fait de l'existence de ces intelligences supérieures; je l'admets comme une supposition qui peut m'être utile, supposition, il est vrai, que les traditions universelles entourent de toutes les garanties d'une vérité incontestable. J'ai dit les traditions universelles; car, d'accord avec ce que nos croyances nous enseignent sur ce point, les peuples les plus anciens et les plus civilisés, parmi lesquels je nommerai les Égyptiens, les Indiens et particulièrement les Perses, ont toujours admis, comme un fait placé hors de doute, l'existence de certains esprits créés invisibles aux hommes, sans leur être néanmoins tout à fait étrangers. Que si les Grecs et les Romains nous parlent du génie de Socrate comme d'une chose surprenante et inouïe, ce n'est que parce que le sage d'Athènes parlait sur cet objet d'une manière qui lui était propre; attendu qu'il en avait une connaissance beaucoup plus élevée que l'idée que l'on s'en formait communément; car, du reste, c'était une croyance chez l'un comme chez l'autre de ces deux peuples que tout homme a son génie, son esprit protecteur. Cette supposition admise, il nous reste à nous former une notion précise de la nature de ces intelligences. La même tradition nous les représente comme de purs esprits, sans corps, sans formes terrestres. Tout au plus leur attribue-t-elle un corps éthéré, dans l'hypothèse que leur action nécessite le concours d'un agent doué d'organes. Ces données toutefois, malgré leur clarté, ne nous fournissent qu'une définition négative. Changeons de point de vue et poursuivons la confrontation de leur nature avec celle de l'homme. Nous retrouvons en nous un ensemble et comme un système d'imperfections qui ne peut être considéré que comme un apanage exclusivement propre à notre être. En effet, comment prêter aux esprits supérieurs cette faiblesse, cette fragilité de caractère, cette inconstance, cette indécision dans la conduite, cet intervalle que sépare notre volonté de son accomplissement, notre pensée de son exécution, intervalle qui n'est rien moins qu'un abîme;

comment, dis-je, leur attribuer tous ces caractères de faiblesse, conséquences nécessaires de l'infériorité de notre nature, sans détruire l'idée même que nous nous formons d'eux. Nous ne pouvons nous les représenter qu'avec la promptitude de l'éclair, la rapidité de la lumière, absorbés dans une action éternelle, sans cesse alimentés par les délices de l'ineffable repos d'une éternelle intuition. Toutes leurs pensées, toutes leurs puissances convergent vers le même terme. En eux, le projet et l'exécution, la volonté et l'action se confondent dans le même acte. En un mot, tout leur être porte l'empreinte de l'éternité. Reconnaissons toutefois que cet état sublime a aussi son mauvais côté : car, viennent-ils à perdre le centre qu'ils occupent, ils s'égarent nécessairement dans une erreur éternelle. Voilà les principaux caractères que nous trace leur nature elle-même : il faut les reconnaître à ces traits ou rejeter leur existence.

Mais ce sont là des observations trop générales encore qui ne résolvent qu'incomplétement notre question. Hâtons-nous d'arriver à des notions plus précises et voyons qu'elles sont, parmi les facultés de l'esprit et de l'âme, celles qui conviennent ou ne conviennent pas à ces substances purement spirituelles. Laissons répondre pour nous un de nos célèbres poëtes, il tranche admirablement la difficulté. Ses vers sont connus : « Ta science, dit-il, en s'adressant à l'homme, ta science t'est commune avec les esprits privilégiés. » S'il les nomme esprits privilégiés, c'est que placés au sein même de la lumière de la science éternelle, ils sont en effet infiniment élevés au-dessus des hommes. Puis il poursuit : « Quant à l'art, ô homme, toi seul tu le possèdes. » Or, qu'est-ce que l'art, sinon l'imagination se produisant au dehors sous les formes sensibles d'une figure, de la parole ou d'une douce mélodie ? Ainsi l'imagination, faculté essentiellement mobile, espèce de Protée à plusieurs faces, prérogative toujours dangereuse de l'homme, n'est point le partage des purs esprits. On ne peut pas leur attribuer davantage la raison telle que nous l'avons définie plus haut. Elle est remplacée par l'intuition de l'entendement; car pour eux, comprendre, c'est voir. Mais s'ils ne possèdent ni l'imagination ni la raison, il s'ensuit que rigoureusement parlant on ne peut leur supposer une âme, et par âme j'entends un principe distinct de l'esprit, un principe plus passif par sa nature, source de la fécondité, de la mutabilité et du progrès intellectuel.

Ainsi résumons-nous et disons : la nature de la bête est simple, parce qu'en elle l'âme est identifiée au corps et comme dissoute dans l'organisation, en sorte que le corps étant détruit, elle rentre dans les éléments généraux ou se confond avec l'âme universelle du monde. La nature des esprits créés est double, supposé qu'ils soient doués d'un corps éthéré. Quant à celle de l'homme, elle est triple ; elle se compose d'un esprit, d'une âme et d'un corps. Cette triple constitution, cette triple vie ne forme pas encore, par elle-même, la prérogative sublime et éminemment caractéristique dont jouit l'homme, à l'exclusion de toutes les autres créatures, d'être revêtu de l'image de la Divinité, mais elle en dépend et s'y rattache de très-près. C'est ce triple principe qui forme la base de toute notre philosophie, et c'est pourquoi nous l'appelons philosophie de la vie. Elle est, par son essence même, étrangère aux spéculations oiseuses, et aux hypothèses intelligibles. Son propre est de n'être ni plus difficile ni plus obscure qu'un discours ou qu'un écrit quelconque sur quelques points des connaissances naturelles ou historiques. Et qu'est-elle autre chose que l'exposé clair et méthodique d'un corps d'observations faites sur la vie de l'intelligence, observations dont la vérité nous est garantie par notre expérience personnelle ? Commence-t-elle à balbutier le langage des abstractions, vient-elle à se perdre dans l'incompréhensible, alors craignons ou plutôt ne doutons plus qu'elle ne soit tombée dans l'erreur.

Quand nous nous représentons par la pensée l'individu humain, le corps nous apparaît comme tenant le dernier rang parmi les trois éléments qui le composent. C'est le troisième terme où viennent se résumer l'esprit et l'âme. Son organisation, ses forces, ses lois appartiennent aux sciences naturelles; la philosophie ne s'occupe que de la conscience, c'est-à-dire que l'esprit et l'âme forment l'objet immédiat de son étude, et il est de la dernière importance pour elle de ne point outrepasser les limites qu'elle lui trace. Remarquons encore qu'il n'est pas toujours nécessaire que le troisième principe constituant de l'être humain et qui sert de centre à l'action combinée des deux autres, consiste en un corps organique. Il est des conditions et des états de l'existence humaine où la parole, l'acte, la vie elle-même ou toute disposition de la sagesse divine peut former le nœud, le terme moyen sans lequel on ne peut concevoir le concert et la subordination réciproques qui doivent régner entre l'esprit et l'âme. Tels sont les trois points que j'ai annoncés comme devant faire l'objet de notre philosophie.

Mais pour compléter la division ou l'échelle de la vie de l'homme, ajoutons encore que s'il est triple dans sa nature, il est quadruple dans sa conscience; car l'esprit et l'âme se divisent en deux autres facultés qui sont pour le premier, l'entendement et la volonté, et pour l'autre, la raison et l'imagination. Ces quatre facultés forment comme les quatre régions ou les quatre points cardinaux du monde de la conscience humaine. Les autres puissances, tant de l'esprit que de l'âme, se rattachent à ces premières, comme des rameaux aux branches principales d'un arbre.

LEÇON II.

De l'âme aimante comme centre de la vie morale. Du mariage.

Messieurs,

Si parmi les trois principes qui concourent à la formation de l'individu humain, c'est l'esprit qui tient le premier rang dans l'ordre de la dignité, il n'en est plus de même dans l'ordre du développement de la conscience. Ici, c'est l'âme qui revendique la première place; car elle est la source, la cause efficiente de la vie intellectuelle, comme elle est le fondement, le principe constant de la vie réelle. Ce n'est que beaucoup plus tard que se développe l'esprit, c'est-à-dire l'entendement et la volonté, quel que soit, du reste, le mode d'influence par lequel l'âme le tire de son assoupissement. Rien qu'excitée, l'action de l'esprit dans l'homme n'est ni persévérante dans sa durée, ni uniforme dans son intensité. On peut dire d'elle ce qu'on dit du vent qui meut et anime tout dans la nature : on l'entend souffler; mais on ne sait ni d'où il vient ni où il va. L'âme au contraire se livre dans le silence, à une opération continuelle, et l'on peut admettre avec toute apparence de vérité que, dans le sens strict du mot, elle a toujours des images, encore qu'elle n'en ait pas toujours la conscience. C'est une opinion que j'émets avec d'autant plus de confiance, que je la trouve professée par un de nos célèbres philosophes allemands d'autrefois, sur les traces duquel je me félicite de me rencontrer souvent. Il en fait la base de sa psychologie. Cette opinion nous conduit à reconnaître que l'homme, vu l'alternative de veille et de repos à laquelle est soumise la vie organique, a des rêves continuels pendant son sommeil, supposé encore que ces rêves ne laissent aucune trace dans son souvenir. Le plus grand nombre des songes, même de ceux dont nous retrouvons les vestiges à notre réveil, ne sont qu'un écho confus et comme un dernier retentissement des images qui nous ont le plus occupés pendant la veille précédente, retentissement favorisé par la prolongation ou par le retour des mêmes circonstances, et des mêmes conditions de vie et de santé dont notre corps se trouvait alors affecté.

Cependant parmi cette multitude de rêves confus et insignifiants, il en est quelquefois qui se présentent avec un caractère de clarté et de cohérence tel, qu'on les prendrait pour le produit d'une opération libre et réfléchie plutôt que pour le résultat fortuit d'une puissance assoupie. Ordinairement le sentiment s'en empare et croit y lire une signification profonde ou au moins l'imagination les réclame comme des images pleines de sens. Comme les extrêmes se touchent, et que leur jonction ne peut s'effectuer qu'autant que celles de leurs parties qui sont en contact ont des rapports réciproques d'affinité, il arrive aussi, par contre, que, dans l'état de veille, souvent l'âme croit entrevoir à l'horizon de la pensée, des images vagues et sombres qui ne font que poindre pour disparaître aussitôt, images sans ensemble et aussi décousues que les parties d'un songe. Et cependant ce serait se méprendre étrangement sur leurs effets, si l'on prétendait qu'elles ne laissent aucune trace dans l'âme. Très-souvent elles y déposent le germe d'idées plus déterminées et surtout devenues originales, ou bien elles provoquent le développement d'inclinations à peine naissantes et impriment à la volonté une direction fixe.

Si dans la vie du corps, l'âme passe successivement de l'activité de la veille au repos du sommeil, nous remarquons une alternative de conditions analogues dans la vie de la conscience, dont la raison et l'imagination forment comme les deux extrêmes. L'une peut en être considérée comme le côté négatif et l'autre comme le côté positif. En tant que l'imagination est la faculté productive ou le principe fécondant de la pensée, elle peut être envisagée comme le côté positif de la vie intellectuelle. Remarquez que je prends ici le mot imagination dans son sens le plus étendu. Je ne parle pas seulement de la faculté qui fait le poëte, ni de cette autre qui se mêle à nos inclinations, à nos passions pour en seconder le développement; ce ne sont là que des sphères particulières de l'immense action de l'imagination qui se reproduit encore sous mille autres formes, et il n'y a pas jusqu'à la haute puissance de combinaison dont est doué le mathématicien, qui ne se rapporte à la même faculté. La raison, au contraire, en ordonnant, en précisant davantage, en assujettissant aux règles d'une rigoureuse logique les données de l'imagination, en forme le côté négatif. Reconnaissons toutefois que ce mode de subordination ne doit s'entendre que des opérations purement intellectuelles de l'âme. Il s'intervertit toutes les fois qu'il s'agit de passer à l'ordre de réalisation ou d'application extérieure. Ici, c'est la raison qui dirige l'imagination; c'est son impulsion qui régularise les mouvements de la puissance créatrice. Sans doute il serait injuste que la raison, qui n'est qu'une partie de l'âme, s'arrogeât un pouvoir absolu sur tout ce qui entre dans le domaine de l'imagination : mais il ne serait pas moins déplacé d'abandonner cette dernière faculté à l'impulsion aveugle du besoin d'épancher au dehors la surabondance de vie qu'elle ne saurait contenir.

Nous avons dit plus haut que l'entendement et la volonté, la raison et l'imagination forment les quatre branches principales de la conscience. Quant aux autres facultés, soit de l'esprit, soit de l'âme, nous les avons envisagées comme des branches secondaires se rattachant d'elles-mêmes aux premières. Cependant n'admettons point cette classification comme rigoureuse à tous les égards. En effet, sous d'autres aspects, ces mêmes puissances peuvent se présenter avec d'autres rapports de filiation, de sorte que celles auxquelles nous assignons les derniers rangs peuvent occuper les premiers. Parmi les facultés du second ordre, se présentent d'abord, comme dérivant de la raison, la mémoire et la conscience morale. Car la mémoire a aussi pour fonction de distinguer et de coordonner les idées, comme la conscience morale a celle de les analyser et de les examiner. Elles diffèrent de leur faculté-mère en ce qu'elles sont restreintes à un mode d'opération particulière, ou ne s'exercent que sur un ordre d'idées différent. Nous aurons lieu d'exposer plus loin, avec plus de détail, le rôle qu'elles jouent l'une et l'autre dans la vie de l'intelligence. Les sens extérieurs, les goûts, les penchants relèvent de l'imagination dont ils subissent l'influence immédiate. Pour ce qui concerne les sens, nous remarquerons d'abord comment ils nous offrent en petit la reproduction du triple principe qui constitue l'existence humaine; c'est-à-dire, de l'esprit, de l'âme et du corps. Cette observation, du reste, s'applique à toutes les sphères d'activité particulières de l'intelligence.

Nous classons en trois ordres les cinq sens de l'homme, et nous considérons les trois inférieurs, savoir : l'odorat, le goût et le tact comme n'en formant qu'un seul, lequel, comparé aux deux autres, tient le dernier rang et correspond au corps. En effet leur mode de perception ne consiste pas en une simple impression, mais bien plus il suppose une pénétration et comme une assimilation de l'objet perçu. Quant à la vue et à l'ouïe, outre que leur fonction est provoquée par le plus léger ébranlement des nerfs qu'occasionne la lumière ou les vibrations de l'air, ils jouissent de plus d'une portée toute spirituelle et toute spéciale; car, ils ne perçoivent pas seulement les objets qui les impressionnent; mais encore ils saisissent les rapports d'harmonie qui en unissent les parties; soit que celle-ci se produise dans une succession de sons ou dans les nuances des couleurs, soit qu'elle se manifeste dans les formes d'une figure. L'œil est donc le sens spirituel et il a pour objet la beauté des formes et la grâce des mouvements. Remarquons que cette propriété précieuse n'est point le privilége exclusif du regard de l'artiste. Encore que l'art la perfectionne et la subtilise à un très-haut degré, l'universalité avec laquelle elle est départie aux hommes nous force de l'envisager comme une faculté essentielle à l'organe. Sans doute elle n'en reste pas moins un don à d'autres égards, attendu que tous les individus ne la partagent pas au même degré. Il faut en dire autant de l'ouïe qui est le sens correspondant à l'âme; car, le sentiment musical est loin d'être également développé dans tous les hommes.

Ces propriétés sublimes qui ennoblissent les sens de l'homme, propriétés refusées aux animaux, bien que du reste, en eux, les organes des sensations soient, sous tous les autres rapports, doués d'une finesse et d'une subtilité égale et même supérieure, sont les magnifiques présents de l'imagination. Aussi leur portée est-elle toujours proportionnée au plus ou au moins de développement de celle-ci. On observe, si l'on veut, quelques traces de mélodie dans le ramage des oiseaux. La musique semble éveiller une certaine sensibilité dans quelques animaux des espèces les plus nobles. Ce sont là, on pourrait dire, comme des essais de l'imagination qui cherche à se faire jour; mais, en réalité, ce ne sont que des accords disparates et imparfaits, ou qu'un sentiment vague, effets d'une impulsion aveugle et incapable de leur donner ni suite ni harmonie, ou bien le résultat incomplet d'une perception purement passive, dépourvue de tout caractère d'unité et d'ensemble. Il en est de même de plusieurs autres espèces d'animaux dont l'industrie semble révéler quelque lueur de raison, et néanmoins toutes merveilleuses que puissent paraître leurs opérations, elles n'ont jamais pour principe qu'un pur instinct, séparé de la raison par un abîme.

Tous ces traits de ressemblance, observés entre l'homme et les autres êtres vivants de la nature, trahissent quelque secret primordial. Ce sont comme autant d'accords rompus et détachés, ou comme les magnifiques débris d'une harmonie primitive et générale entendue dans le lointain des siècles; et voilà pourquoi ces sortes de phénomènes nous touchent si profondément, et réveillent en nous le sentiment pénible de douloureux souvenirs. On dirait autant de traces vivantes où quelque chose d'humain semble se remuer, et si nous ne pouvons remonter jusqu'à leur origine pour y contempler les mystères qu'elles supposent, au moins elles nous ramènent assez haut pour nous laisser entrevoir à travers la nuit des temps et les débris de la mort, l'immense et royale alliance qui mariait la nature à l'homme dans les beaux jours, si courts, hélas! de leur immortalité.

Mais si l'imagination prend une part si manifeste aux opérations des sens extérieurs, elle exerce une action plus sensible, plus prononcée et plus puissante encore sur les inclinations, les appétits et les passions. Et d'abord, il est évident qu'elle modifie déjà d'une manière notable le simple instinct de notre conservation personnelle, et que les appétits naturels sont soumis de mille manières à ses suggestions dans la satisfaction des besoins de la vie. Mais combien plus tyrannique ne se montre-t-elle pas dans les passions! Je les envisage ici portées au plus haut point d'exaspération, et je parle surtout de ces passions capitales qui, entraînant dans une fausse direction les facultés les plus nobles de l'esprit et de l'âme, les vicient jusque dans leur principe, les transforment en autant de vices radicaux, et répandent ainsi l'immoralité sur toute la sphère de l'existence humaine. Je vais les examiner successivement selon les trois caractères principaux qui les mettent en rapport avec le triple principe de l'individu humain, et je ferai remarquer comment l'imagination concourt à l'exaspération de chacune d'elles.

Le premier de ces vices radicaux, c'est l'orgueil qui consiste toujours en un profond aveuglement de l'esprit. Les illusions de la vanité se rapportent bien au même principe : mais elles se produisent sous des formes plus faibles et moins prononcées. Or, la source de l'orgueil est dans un amour déréglé de soi-même : mais qui ne sait que c'est dans le sein même de l'imagination que fermente l'amour propre.

Le second qui se manifeste toujours avec un caractère souverainement désastreux, c'est la passion sensuelle ou la sensualité passionnée. Elle consiste en un abrutissement moral : c'est une maladie, une fièvre de l'âme exerçant ses ravages, tantôt par de violents accès, tantôt par une action lente qui ronge et mine les facultés morales les plus nobles. C'est encore dans l'imagination, mais dans une imagination irritée, enivrée et empoisonnée, que cette passion a sa source ; c'est d'elle qu'elle emprunte sa violence, ses charmes et sa magie. Par lui-même, ce penchant est exempt de toute culpabilité ; il ne revêt les hideux traits de la corruption que lorsque, par un manque de principes moraux, on ne se tient point en garde contre la violence de l'empire qu'il tend à prendre, ou que, par faiblesse de caractère, on ne sait opposer à sa fougue la digue toujours insurmontable d'une volonté énergique. Enfin, la troisième et dernière forme principale sous laquelle se reproduit l'élément de corruption de la nature humaine, c'est la cupidité et l'avarice, élément éminemment subversif de l'ordre social et de la paix intérieure.

Il est vrai que, de l'aveu général, il se fait peu de choses dans ce bas monde qui n'aient pour mobile quelque vue d'intérêt personnel, tout déguisé et tout délicat qu'on le suppose d'ailleurs.

Mais passons sur ce défaut inséparable de notre faible nature et portons nos observations vers cette cupidité insatiable, cette soif brûlante de l'argent qui torture le cœur humain. Quoi de plus manifeste que la grande part que prend encore l'imagination à cette maladie morale, où l'esprit et l'âme de l'avare, enfermés et comme enfouis sous les serrures de ses coffres forts, se durcissent, se pétrifient et renouvellent en quelque façon le phénomène de ces ossifications du cours organique dont nous parle la médecine.

Non-seulement ces trois passions portent la désolation dans la vie morale, mais elles en empoisonnent même les sources; elles en attaquent les organes, en troublent et en paralysent les facultés. En effet, l'orgueil réagit sur le jugement moral qu'il enveloppe d'épaisses ténèbres, il le fausse et l'égare. Les grossiers plaisirs de la volupté troublent le sentiment moral, et abrutissent l'âme et la plongent dans l'horreur du désordre. Enfin l'endurcissement de l'avarice étouffe dans l'âme cupide toute idée de moralité. Pour elle le souverain bien, l'unique fin de la vie c'est l'insensible *Mammon* : elle ne connaît point d'autre dieu.

Bien que fausse et outrée, la tendance de ces

trois passions est positive : elle a pour terme la possession et la jouissance d'un bien, encore qu'il soit illusoire et illicite. Cependant ce que nous venons d'en dire pourrait, si l'on voulait poursuivre l'analyse des vices de la nature humaine, s'appliquer aussi aux passions de l'inimitié dont la tendance est négative et a pour but la destruction, l'anéantissement de son objet. On pourrait donc envisager du même point de vue, la haine sous la triple forme de colère, d'envie et de vengeance.

Ce n'est point ici le lieu de nous étendre plus longtemps sur ce sujet. Je ne me suis permis ces réflexions générales et purement psychologiques, sur des objets à la portée de tout le monde, que pour montrer, d'une part, comment la trinité de la nature humaine se reproduit en petit dans la sphère des penchants de l'homme, bons ou mauvais, ainsi que dans celle des sens organiques, et, d'autre part, pour mettre en évidence l'empire de l'imagination sur les facultés de l'âme qui lui sont subordonnées : pour démontrer, en un mot, comment elle s'insinue en élément corrupteur dans les passions de notre fragile nature, et devient la cause principale du désordre moral.

Ces trois vices fondamentaux, peste de la vie intérieure et de la vie corporelle, sont comme des flots ardents qui ont leur source dans les flammes impures d'une imagination grossière et terrestre. Semblables aux sombres fleuves des enfers dont nous parle la fable, ils inondent par des torrents de feu la région de la volonté, et éclatent ensuite, comme un volcan destructeur, en actes illicites, en violentes catastrophes, ou bien, ce qui peut-être est pis encore, consument insensiblement la sève de la vie, et la réduisent à une inutilité complète.

Après nous être représenté dans toute sa force l'influence désolante d'une imagination désordonnée sur les passions vicieuses de l'homme, il nous sera d'autant plus facile de porter nos regards sur la direction opposée de son action, d'observer comment cette faculté prodigieuse, prérogative particulière de notre nature, peut concourir au développement des penchants réglés. Nous verrons donc comment, par l'exaltation des inclinations nobles, par un véritable enthousiasme, l'imagination stimule nos facultés spirituelles et morales, et répand comme un surcroît de vie dans toutes les régions de notre existence.

Avant tout je dois faire observer que dans le domaine de la morale, le juste n'est souvent séparé de l'injuste que par une ligne très-subtile. La culpabilité consiste à franchir cette ligne, soit par une exaspération outrée de la passion, soit par une direction fausse que prennent les penchants. L'orgueil et la vanité sont aux yeux du monde un objet de blâme et de mépris : mais que l'on essaie de bannir du cœur de l'homme tout sentiment de l'honneur et tout amour de la gloire, bientôt le corps social, tombant dans un état de marasme général, ne présentera plus que le décourageant spectacle d'une apathie universelle, parce qu'on lui aura enlevé les fibres résonnantes qui lui communiquent l'âme et le ton.

On ne peut dissimuler que l'ambition et

l'intérêt ne soient dans le commerce de la société, une source intarissable de discordes, de procès et de différents de tout genre, en sorte que la partie la plus précieuse de la puissance d'un état se consume à terminer les discussions et débats de toute espèce qui s'élèvent sur le *mien* et le *tien* : et cependant, qui pourrait nier que l'intérêt et même l'intérêt personnel, que l'appas d'un gain permis, sans préjudice des droits d'autrui, n'entrent en tant qu'ils sont le mobile de l'activité et du travail, comme un élément nécessaire dans l'état social. Je dirai plus, ils forment un suc substantiel qui se propage dans toutes les parties du corps et répand partout le sentiment de la vie et du bien être.

Quant à cet autre penchant de la nature enfin, qui, par cela qu'il est le plus violent, exige les précautions repressives les plus efficaces et les freins moraux les plus énergiques, nous le voyons toujours chez les peuples civilisés qui conservent quelques notions de moralité et surtout dans les cœurs bien nés, s'allier comme de lui-même à un élément moral d'un ordre plus élevé et revêtir ainsi un caractère sacré.

Ennobli par les liens de la fidélité, le penchant de l'amour reçoit la sublime consécration qui nous le réprésente sous l'idée sainte du sanctuaire de la vie terrestre; sanctuaire sur lequel reposent les antiques bénédictions de Dieu, et d'où découlent la félicité domestique et la prospérité des nations. C'est de l'amour conjugal, fondement de l'union des familles, que dérivent tous les autres liens moraux qui font les charmes de l'existence, tels que l'amour maternel, la piété filiale, l'amitié fraternelle et les douces relations de parenté, liens qui, pris ensemble, forment en quelque façon l'esprit vital et le fluide nerveux de la société humaine.

L'éducation, c'est-à-dire, le développement moral de la jeunesse tient encore un rang important entre les bienfaits dus au lien conjugal. En effet, n'est-ce point la sollicitude maternelle qui inculque dans le cœur de l'enfant les premières maximes de conduite? N'est-ce point l'amour des parents qui féconde et développe les germes de vertu dont le créateur l'a doué? L'État, il est vrai, et même de simples individus voués à l'instruction, fondent des établissements publics qui offrent à la jeunesse les avantages de l'enseignement le plus complet avec la variété des études les plus spéciales. Sans méconnaître les immenses richesses intellectuelles et morales que la jeunesse puise dans ces sources abondantes d'instruction, je ne persiste pas moins à dire que l'éducation est une affaire de famille. C'est dans la maison paternelle que s'en opère les premiers progrès; c'est là encore qu'elle reçoit son complément, dans le moment où le jeune homme formé à tous égards et la jeune fille nubile quittent la maison paternelle pour fonder une nouvelle famille.

Cette vérité importante qui rattache, comme à son principe, la sécurité sociale au lien sacré de la famille, n'est souvent jamais plus méconnue qu'aux époques de danger, et dans ces moments critiques où la dégradation morale met la société en pleine dissolution. Cet oubli des conditions essentielles de l'organisation sociale, est un fait confirmé, je ne dirai pas seulement par l'histoire contemporaine, mais encore par les annales des anciens peuples grecs et latins.

Partout et toujours une révolution morale, dans le sein des familles, précède les révolutions politiques, et l'anarchie qui trouble les pays, ébranle les États, n'est que l'éruption d'un mal lent et sourd qui déjà a mis en conflagration les éléments de la société domestique. Dès qu'une fois les liens qui assujettissent les diverses parties d'un édifice sont rompus, le premier coup de vent en détermine l'écroulement.

Outre le lien spirituel d'un amour vertueux, qui embrasse jusqu'aux rapports les plus secrets de la vie commune des deux époux, l'élément moral se développe encore sous une forme plus grande et plus sublime : c'est la forme de l'enthousiasme.

L'enthousiasme a pour objet une idée positive dont l'âme s'empare ; cette idée à son tour captive toutes les puissances de l'âme et les remplit. C'est plus qu'une pensée spéculative ; et l'exaltation qu'elle détermine est autre chose que l'admiration stérile excitée par les productions du génie. Ce qui caractérise l'enthousiasme dont je veux parler, c'est le besoin d'exprimer en action, de réaliser la pensée qui en est l'objet, et même d'en confirmer la vérité, s'il le faut, au prix des plus grands sacrifices.

La forme la plus ordinaire sous laquelle il se produit, c'est le patriotisme, et c'est surtout aux époques d'un danger social, qu'il se montre avec plus d'intensité et plus de générosité. La vie des sociétés, comme celle des individus, est une alternative continuelle de repos et d'action, et si les forces corporelles se réparent pendant les douceurs du sommeil, nous pouvons dire aussi que le courage et les vertus politiques, affaiblies par les agitations de la guerre et du désordre, se retrempent en quelque façon dans la sécurité de la paix.

En effet, la tranquillité publique, bienfait le plus précieux dont puissent jouir les sociétés, vient-elle à être troublée? le pays est-il menacé? aussitôt la patrie alarmée se voit protégée par une foule de braves dont les talents et les vertus patriotiques, assoupis jusque-là, n'attendaient, pour se développer, que la circonstance d'un péril général.

Remarquons cependant que là, comme dans tout ce qui tient au monde moral, il n'y a qu'un pas du vrai au faux enthousiasme. Il est important de bien les distinguer l'un de l'autre. Et, pour ne parler ici que de l'amour de la patrie, je me flatte de vous en faire connaître d'autant plus facilement le caractère de vérité ou de fausseté, que je sais être placé sur un terrain qui nous est connu à tous. Et, pourrais-je sans faire battre vos cœurs, vous dire que le premier caractère du vrai patriotisme est de se montrer surtout dans les temps de calamité, et de se développer en raison de la profondeur et de la persévérance de l'infortune.

Un autre signe distinctif du véritable enthousiasme, c'est que déterminé par des motifs de justice et d'ordre, il ne se laisse point entraîner au gré des caprices de l'arbitraire, ni ne s'abandonne à une impulsion aveugle et irréfléchie. Il ne connaît d'autre signal que la voix du souverain légitime. L'obéissance en est donc une condition nécessaire ; mais c'est l'obéissance de la persuasion, laquelle ne détruit nullement la spontanéité de la volonté, ni ne limite d'aucune sorte l'expansion de la générosité. Le désintéressement en est encore une base indispensable. En appelant sous les mêmes drapeaux la fleur de la jeunesse d'un État, sa force magique doit se borner à stimuler dans ces intrépides défenseurs du pays, une rivalité de dévouement qui leur fasse quitter à l'envi les biens les plus précieux et offrir à la patrie le sacrifice de leurs personnes et de leur vie.

Il est encore une autre espèce d'enthousiasme généralement connu ; c'est celui qui a l'art pour objet. Il est moins commun que le patriotisme, parce qu'il suppose dans celui qui en est susceptible, des talents naturels ou une puissance intellectuelle toute particulière ; c'est pourquoi aussi la sphère d'activité en est beaucoup plus restreinte. Il consiste également en une certaine disposition de l'âme qui l'empêche de se borner à une contemplation philosophique de la pensée dont elle est préoccupée. Un besoin irrésistible et importun la porte à la réaliser à l'extérieur.

Au reste, ce ne sont pas seulement les beaux-arts qui sont l'objet de l'enthousiasme; les sciences aussi exaltent l'âme au même degré; en sorte qu'il est vrai de dire que c'est lui qui est le mobile vivant de toutes les découvertes, de tous les établissements, de toutes les fondations faites dans les diverses sphères de l'activité humaine.

Christophe Colomb n'eût jamais atteint les rives du nouveau monde sans la secrète inspiration qui enflammait son génie aventureux et faisait grandir son courage à proportion des dangers et des obstacles sans nombre dont était semée sa course audacieuse. Ici, comme on le voit, ce n'est plus l'idéal de l'art qui sert de base à l'enthousiasme, mais bien une idée neuve et grandiose prise dans l'ordre des sciences sociales et utiles. Néanmoins, dans tous les cas, l'enthousiasme a pour principe quelque chose de positif et de réel, pris dans l'ordre du beau sensible ou dans la sphère du beau moral.

Il en est tout autrement du désir; je veux parler

de ce sentiment indéfini du besoin, du vide profond que nous portons en nous, vide que rien de terrestre ni d'idéal ne peut combler, mais dont l'Éternel et le Divin seuls peuvent remplir l'immensité.

Rien que le désir ne suppose aucun talent particulier, ni rien de ce qu'on nomme génie, parce qu'il a son principe dans l'origine divine même de l'âme et dans sa fin éternelle. Cependant, et la raison en est facile à concevoir, son plein développement, dégagé de tout mélange terrestre et mondain, est un phénomène presque plus rare que l'enthousiasme artistique. La jeunesse, il est vrai, au moins dans les individus doués jusqu'à un certain degré d'heureuses dispositions, dont le développement n'est point entravé, offre assez fréquemment l'exemple du désir tel que nous venons de le définir, ou du moins je ne sais quel sentiment confus qui tient de sa nature. Ce sont comme les premiers soupirs de ce besoin immense qui dévore le cœur humain.

Observons en passant que c'est dans cette attrayante disposition et dans cette douce mélancolie du jeune âge à laquelle s'allie toujours le sentiment de l'existence embellie par une surabondance de vie, que se trouve la raison des charmes qui accompagnent, dans les personnes plus âgées, la vue ou le souvenir de la jeunesse.

Les caractères qui distinguent le vrai du faux désir, se présentent avec un tel degré d'évidence qu'il est impossible de le méconnaître. En effet, si nous envisageons en général le désir comme l'état indéfini et mollement inquiet dont l'âme est affectée, lorsqu'un amour cherche à se faire jour, il nous suffira de nous convaincre de quelle nature est cet amour lorsqu'une fois il se sera manifesté. Si la mélancolie du jeune homme s'évanouit au moment du développement des passions ; si les premières jouissances sensuelles captivent les mouvements de son cœur et en ravalent les sentiments au niveau de la matière ; alors ses dispositions morales étaient incontestablement dénuées des conditions du vrai désir, et, son âme, restant ensevelie dans l'ordre terrestre, ne manifeste aucune portée surnaturelle.

Mais si les soupirs désireux du jeune âge résistent à l'orage des passions ; si l'époque critique du développement, bien loin de les étouffer, ne fait qu'en augmenter la violence; si, invincibles aux charmes de la prospérité et inaccessibles à l'action délétère du malheur, ils restent invariables au milieu des contradictions de la vie et de l'agitation du monde, se portant sans cesse vers les régions supérieures pour y découvrir un terme, semblables au pilote en péril dont l'œil inquiet perce la nuit de la tempête pour y chercher le signe de l'espérance ; alors, évidemment, ils portent toutes les marques du véritable désir. L'âme, dans ce cas, a le sentiment de sa divine origine, elle éprouve le besoin de sa fin surnaturelle.

Cette disposition aimante de l'être moral est la source de tout ce qu'il y a de beau et de grand dans le domaine de l'intelligence. L'amour de la sagesse, l'amour des sciences spiritiuelles et morales, la philosophie, en un mot, n'a point d'autre origine.

Les dispositions morales du jeune âge portent souvent les caractères du vrai désir ; il ne lui manque, pour se développer et se purifier de tout mélange hétérogène, qu'une plus grande expérience de la vie. Le désir, une imagination féconde et une âme aimante sont les présents les plus précieux que la nature, dans son amour, puisse départir au jeune homme, ou plutôt, ce sont les dons de cet esprit, admirable dans sa largesse, qui règne en elle et la gouverne.

Ces trois facultés forment le plus bel ornement de notre intelligence; c'est le jardin ou le paradis terrestre qu'elle est destinée à habiter; mais c'est un jardin qui demande tous les soins d'une culture assidue. Autrefois il fut dit à Adam de ne point s'endormir dans l'oisiveté de la jouissance, mais de cultiver le lieu de délices dans lequel Dieu venait de le placer. Dans combien d'individus, hélas! même les plus richement dotés en talents naturels, le champ de l'intelligence reste en friche, faute de culture!

Dans le triple tableau que je viens de faire du désir, de l'amour et de l'enthousiasme, j'ai toujours supposé le concours de l'imagination comme nécessaire au développement de ces diverses modifications de l'âme; car son influence sur les penchants nobles de l'homme n'est pas moins bienfaisante que n'est funeste l'empire qu'elle exerce sur les passions perverses. Au reste, cette influence n'est ni contestée, ni contestable.

Dans le désir pur, dégagé de toute affection étrangère, l'imagination, en tant qu'elle est la faculté de la pensée, s'absorbe dans un sentiment qui n'a plus rien de terrestre et s'identifie avec l'élément aimant.

Dans l'amour et l'enthousiasme, c'est encore l'imagination qui est la source de la flamme qui les alimente; c'est d'elle aussi que part l'essor qui les exalte. Quant aux purs esprits auxquels nous ne reconnaissons point la faculté de l'imagination, leur amour peut s'expliquer par l'intention de leur entendement. Celui-ci détermine en eux l'élan de la volonté, les pénètre d'une admiration pleine d'amour et constitue ainsi l'état de leur félicité. Un amour, un enthousiasme humain auxquels l'élément de l'imagination resterait étranger, serait un phénomène difficile à rencontrer; je dirai même qu'on ne peut se le représenter que sous les apparences de la réalité.

Vouloir inférer du concours de l'imagination, que l'amour et l'enthousiasme ne reposent que sur des bases fausses et sur l'absence de la vérité, ce serait supposer bien gratuitement que l'imagination est l'organe nécessaire de l'erreur. Je suis loin de lui accorder la prérogative de l'infaillibilité; elle peut errer sans doute, et elle erre en effet toutes les fois qu'elle est aveuglée et dominée par l'emportement des passions, ou bien encore lorsque, dans les méditations poétiques, on la voit folâtrer d'illusions en illusions et se créer ainsi un monde de frivolités. Encore ne nous y laissons point tromper, l'imagination volage du poëte, tant qu'elle n'est point viciée par la corruption du cœur, nous peint la vérité à sa manière, et les illusions dont elle s'entoure, cachent souvent un grand fond de vérité.

Ainsi l'imagination, tant qu'elle demeure pure et vierge, non-seulement n'est point hostile à la vérité divine, vérité qui, vu ses infinies proportions, ne se laisse pas toujours circonscrire dans le cercle ordinaire des choses réelles, mais bien mieux, elle est avec celle-ci dans des rapports d'une alliance qu'on ne peut révoquer en doute, comme il sera démontré en un autre lieu. Supposez encore (car il faut évaluer les choses humaines selon les mesures humaines; c'est le moyen de les juger avec équité), supposez, dis-je, que dans l'enthousiasme et l'amour il se rencontre une pensée, un seul mouvement qui semble outre-passer les limites de la réalité, cet amour, cet enthousiasme ne perdent pas pour cela le caractère du vrai.

Il serait peu sage de prendre pour de l'exagération tout ce qui peut passer pour tel aux yeux d'une raison apathique. Dans tous les cas, il demeure certain qu'il se présente, dans la vie de l'homme, une foule de positions critiques où les maximes rigoureuses de la morale, telles que les présente la froide raison, sont impuissantes à nous ouvrir une issue, et qu'il n'y a qu'un sacrifice de l'amour, qu'un coup décisif de l'enthousiasme qui puisse nous conduire à un heureux terme. Ce serait donc se montrer au moins infidèle à la vérité, que de méconnaître ou passer sous silence cette phase de la nature morale de l'homme, encore qu'elle porte toutes les marques de l'imperfection de notre être. Et, après tout, serait-ce fermer la porte aux abus que de placer l'homme sous l'empire exclusif d'une stérile raison?

Ainsi, de même que l'âme pensante est le centre de la conscience, de même l'âme aimante est le centre de la vie morale, comme on le voit dans les nœuds du mariage qui sont le terme et le complément de l'amour. Pour achever mes observations sur ce qui fait l'essence de l'union conjugale, que l'histoire nous apprend avoir été partout le principe de la civilisation, il est important d'ajouter quelques réflexions.

Parmi les esprits qui se targuent de philosophie et de lumière, il en est beaucoup qui, dans la vue de rabaisser ou même de nier absolument l'idée du grand et du noble, font tout dériver des sensations matérielles. Il est arrivé par là que, souvent aux yeux du monde, le lien matrimonial, ainsi dépouillé du caractère sacré que lui communiquent des maximes publiquement reconnues, n'apparaît plus que sous la forme d'une passion passagère; ce n'est plus qu'une union extérieure, déterminée par des impressions purement sensuelles et par les motifs secondaires d'un intérêt tout personnel. Quant à l'amour proprement dit, on ne veut plus l'y reconnaître.

Eh quoi! ne semble-t-on pas par là accuser la nature humaine de ce que, dans un engagement qui embrasse tout l'homme, elle requiert la participation du double élément dont elle se compose? N'est-il déjà point assez injurieux pour elle qu'on ose soumettre au scalpel d'une impitoyable analyse et aux opérations violentes d'un raisonnement destructeur, ces mêmes éléments physiques et moraux qui, dans les individus dont les passions ont respecté l'innocence des mœurs et la candeur du caractère, forment une harmonie et une unité essentielle.

Ce n'est pas non plus par des procédés analytiques qu'il faut distinguer l'amour véritable de la passion sensuelle; c'est par le moyen simple de l'expérience. De même que pour l'enthousiasme et le désir, les effets de l'amour nous feront juger de la pureté de son principe. Quand une inclination de cette nature, quel qu'en ait été d'abord le degré de violence et d'exaltation, supposé même qu'elle se soit manifestée sous les dehors d'un enthousiasme tout spirituel, quand, dis-je, l'union une fois consommée, elle s'évanouit pour faire place au dégoût ou à l'indifférence, puis à la mésintelligence, à la défiance, à la discorde et enfin à une désharmonie irrémédiable, alors il est démontré qu'elle n'a jamais porté le caractère du véritable amour.

Mais quand, dans la vie commune des deux époux, même après que les feux du jeune âge sont éteints, cette inclination est remplacée par une bienveillance et une confiance mutuelles qui se développent avec les années; quand elle se transforme en liens d'une douce amitié, dont l'esprit de sacrifice et de patience résiste aux séductions de la prospérité et aux dangers de l'infortune ; dès lors soyons assurés que l'union matrimoniale a été l'œuvre d'un véritable amour.

Quoi que l'on puisse conclure des contradictions apparentes que présente la vie humaine, il n'y a et ne peut y avoir, selon les lois de la nature, de véritable attachement sans retour, et tout amour suppose nécessairement la réciprocité.

Or, comme il est de l'essence même du véritable amour d'être persévérant et indestructible ; comme il fait le fond même de notre vie, pour me servir d'une expression plus pratique, il s'ensuit qu'il porte son caractère de fidélité jusqu'à la mort.

Au reste, il est certainement conforme aux règles de la prudence, que, lorsqu'il s'agit du lien conjugal dont la force obligatoire n'a d'autre terme que la mort des contractants, on prenne en considération une foule d'autres circonstances, capables, par leur plus ou moins d'importance, de modifier la détermination de la volonté. Toutefois, il est impossible d'assigner aucune règle générale à cet égard ; et les lois divines, qui, du reste, sont les gardiennes du mariage, abandonnent aussi à la discrétion de l'individu le choix des motifs secondaires. Elles ne veillent qu'à une seule chose, c'est que l'union se contracte sans violence, faisant de la liberté du consentement la condition fondamentale de toute alliance de ce genre.

Or, comme la liberté du consentement n'est point compatible avec tout ce qui pourrait surprendre la volonté par la séduction ou la corrompre par l'appât de l'intérêt, il s'ensuit que, par la nature même du consentement, l'alliance conjugale, ainsi fondée sur l'inclination mutuelle des individus, doit être considérée comme le lien indestructible de leurs âmes, et ne peut rien avoir de commun avec le contrat civil dont l'objet est de régler leur état et leur fortune.

Le point important, la base, l'esprit de la loi qui préside au mariage est donc dans la volonté des individus. C'est l'inclination réciproque qui s'éveille et se développe dans leurs cœurs, inclination dont la manifestation est spontanée, tant qu'ils sont à l'abri de la contrainte; c'est la sympathie des esprits, garantie, non douteuse de la persévérance des affections.

Après cela les maximes divines n'ont plus d'autre objet que celui d'assurer l'indissolubilité de l'alliance, et d'en garantir la fidélité. Ces mêmes maximes, bien que non encore revêtues du caractère auguste que leur communique la révélation évangélique, avaient déjà très-souvent, avant le christianisme, réglé les alliances conjugales chez les peuples civilisés de l'antiquité païenne.

Un sentiment profond du juste et du beau moral leur avait fait deviner ce besoin de la nature humaine. L'inviolabilité de principes aussi sacrés est d'une importance telle pour le bonheur et la prospérité des peuples, que vouloir les renverser, ou seulement porter atteinte à ce qu'ils ont d'essentiel, ce serait appeler sur l'humanité entière des maux sans fin et sans nombre. Et, j'ose le dire, une religion qui ne craindrait point de détruire ce sanctuaire du mariage et d'en saper les fondements, et, par là, de rabaisser la femme à un degré profond d'oppression et d'humiliation, une telle religion donnerait par cela seul une preuve évidente de sa fausseté et de l'absence de toute intervention divine.

Partout où les mœurs ont été portées à quelque degré de noblesse, et où la dignité de la femme est proclamée et reconnue, le mariage, outre l'alliance corporelle, enlace encore, si je puis parler ainsi, dans les liens délicieux d'une société spirituelle pleine de charmes, les cœurs et les intelligences qui, par l'action qu'ils exercent réciproquement les uns sur les autres, concourent merveilleusement à la formation et à un développement plus complet de l'âme, du caractère et même de l'esprit; en sorte que l'on peut dire que le contrat matrimonial embrasse à la fois la triple union des corps, des âmes et des esprits.

Cette bienfaisante réaction opérée sur le développement des facultés intellectuelles et morales de l'homme et de la femme, et déterminée par le contraste des caractères des différents sexes, est un phénomène psychologique digne de remarque et riche en déductions scientifiques. Je ne puis me dispenser de le signaler ici, vu sa conformité avec les principes selon lesquels j'ai tracé, dans ma première leçon, la ligne de progrès que doit suivre le développement de la conscience, principes qui consistent à prendre le centre même de la vie pour point de départ.

Vouloir déterminer, dans des cas particuliers, les bases sur lesquelles repose la sympathie des esprits, ce serait une entreprise sans résultat possible. L'infinie variété avec laquelle se manifeste la nature humaine dans chaque individu, met en défaut, à cet égard, le coup-d'œil le plus exercé. La familiarité, l'habitude d'une longue cohabitation ne suffisent pas toujours pour éclairer notre jugement sur le caractère de tel individu en particulier; car combien souvent ne voyons-nous pas s'unir par les liens de la plus vive sympathie deux caractères que des dispositions contraires semblaient éloigner à jamais ; tandis que d'autres dans lesquels notre expérience des hommes nous faisait reconnaître toutes les conditions d'une affinité naturelle, se repoussent sans motifs connus.

Peut-être cependant trouverait-on une solution générale à ces bizarreries et à ces contradictions apparentes des esprits. Supposons qu'un des époux trouve dans le commerce de l'autre une abondance de vie intellectuelle et morale correspondant à un besoin du même ordre qu'il éprouve, ou bien seulement qu'il y découvre un motif d'émulation capable de provoquer une plus grande expansion des facultés de sa conscience ; dès lors il est naturel que des relations pleines d'attraits établissent entre les deux caractères une douce communication qui tendra à les confondre l'un avec l'autre.

Si le mariage est impossible sans une certaine communauté des biens, ou au moins sans un usage commun des choses nécessaires à la vie quotidienne, de même il s'établit dans la sphère de la conscience un échange de pensées et de sentiments qui forme une sorte de communauté de biens intellectuels et moraux, société qui a son prix et ses charmes. Cette règle, il est vrai, ne précise rien dans sa généralité, et je sens toute l'impuissance de la sagacité humaine pour saisir les côtés caractéristiques et originaux de la nature spirituelle des différents sexes. Au reste, il n'y a rien là qui puisse donner lieu à notre étonnement, si l'on pense aux difficultés qui se présentent dès que l'on veut seulement définir d'une manière un peu spéciale le caractère d'un peuple ou d'une époque, ou bien mettre en parallèle les qualités morales de deux nations. Que l'on dise, par exemple, que le génie grec se manifeste par un entendement transcendant pour les sciences comme pour les arts, par une profondeur de pensées et une pénétration d'esprit auxquels la clarté de l'expression et le discernement des idées ajoutent un surcroît de mérite; tandis que l'énergie de la volonté, la grandeur et la fermeté d'âme sont surtout les attributs distinctifs du caractère romain, on ne dira rien qui ne soit en général conforme à la vérité.

Mais qui ne voit que ce rapprochement n'est qu'une antithèse historique trop exclusive. Que de restrictions, que de modifications ne faudrait-il pas ajouter à cette rubrique banale, si l'on voulait faire un tableau parfait du génie de ces deux peuples, et les concevoir dans toute l'étendue de leur sphère d'activité. Il en est de même d'un parallèle établi entre deux époques différentes. Que l'on soutienne que pendant le moyen âge, l'imagination était, dans les peuples, la faculté dominante, que dans les temps modernes, au contraire, la raison a pris une prépondérance incontestable sur les diverses parties de la conscience : cette proposition n'a certes rien que de vrai dans son universalité ; mais aussi il est évident que la vérité de la vie, que la réalité, toujours si variée, se perd dans la généralité d'une définition si absolue.

Pour l'exprimer sous les innombrables formes qu'elle revêt dans les individus, il faudrait y joindre une foule de modifications que notre intelligence bornée rend impossible. Les difficultés augmentent encore lorsqu'il s'agit de déterminer les traits originaux des caractères des deux sexes. Tout ce que l'on peut en dire ne peut être envisagé que comme une esquisse que l'on donne et que l'on reçoit pour ce qu'elle vaut ; ce n'est qu'un essai de définition qui, il est vrai, peut souvent nous conduire à des résultats applicables, ou au moins nous faire éviter l'erreur d'une notion fausse.

Toutes les voix, à peu près, se réunissent pour dire que, parmi les puissances de la conscience humaine, telles que nous les avons définies jusqu'ici, l'âme est manifestement prédominante dans la femme, et le prophète qui a dit ou doit avoir dit que les femmes n'ont point d'âme est par cela seul un faux prophète. C'est surtout à cette effusion de l'âme qui se mêle à toutes les actions et à toutes les manières de la femme qu'il faut chercher la raison des charmes et de l'attrait que présentent, chez les peuples civilisés, son commerce et sa conversation. C'est encore là que nous trouverons le principe de cette harmonieuse influence, exercée sur l'esprit des personnes unies à elle par les rapports de l'intimité d'une vie commune. Cependant, je crois que l'on s'écarterait de la vérité si l'on prétendait que, par opposition au caractère de la femme, la conscience de l'homme est en général sous l'influence prépondérante de l'esprit. En effet, la somme des facultés innées de l'esprit, ainsi que les talents dont l'éducation l'a enrichi, offrent déjà, soit en eux-mêmes, soit à cause des diverses directions qu'on leur aura fait prendre dans la carrière des études, une variété si frappante dans les individus, qu'il est impossible de comprendre sous une formule générale les attributs distinctifs de tout le sexe des hommes. Si l'on ne peut sans exagération, ni sans invraisemblance, refuser à l'homme la faculté de l'âme par cela seul qu'elle est l'attribut principal de la femme ; l'on ne peut non plus exclure la femme des prérogatives de l'esprit, sous prétexte que celui-ci forme le domaine exclusif de l'homme.

Il ne peut être question que de la prépondérance de l'esprit ou de l'âme dans l'un ou dans l'autre des deux sexes, et nullement de leur exclusion réciproque. Si la raison scientifique n'est point en général départie aux femmes, si leurs intelligences restent étrangères aux subtilités des abstractions, elles n'en possèdent que plus communément la raison du bon sens et un jugement sain et droit. L'entendement dont elles sont douées n'est point non plus cette faculté stérile qui s'exténue à pénétrer ou à formuler d'arides notions, c'est un entendement vivant et qui vivifie tout ce qu'il saisit; or, cet entendement vivant est précisément ce que nous nommons esprit.

Peut-être qu'en considérant sous une autre face la question qui nous occupe, nous parviendrons à répandre plus de jour sur la difficulté qu'elle présente. De même que l'action extérieure de la femme, selon les habitudes ordinaires à son sexe, ne s'exerce, au milieu de la vaste sphère de l'activité sociale, que dans un cercle étroit de relations pleines d'amour, de même aussi son action intérieure reste circonscrite en d'étroites dimensions, eu égard au développement prodigieux dont est susceptible la conscience humaine, prise en elle-même.

Toutes ses facultés ne subissent qu'une faible divergence dans leur action. Elles demeurent comme groupées autour de l'âme, centre de la conscience, laquelle leur communique à toutes les charmes de la vie et de l'amour. Je conclurai de là que ce qui caractérise l'un et l'autre sexe, c'est, dans la femme, un développement plus harmonieux des facultés de la conscience, et, dans l'homme, une expansion plus excentrique, moins universelle de ces mêmes facultés; non que l'esprit de celui-ci doive, dans son action, s'écarter du centre de la vie morale, c'est-à-dire, de l'âme, pour s'égarer dans les régions métaphysiques, semblables à ses globes célestes qui, dans leur course irrégulière, sillonnent l'espace, sans rapport manifeste avec aucun point central. L'immensité du domaine soumis à son intelligence ne serait point une raison pour justifier de pareils égarements.

Ainsi, pour ce qui concerne l'homme, c'est dans les points les plus excentriques de la conscience, c'est aux parties extrêmes de la raison et de l'imagination que se manifeste l'action intellectuelle ; dans la femme, au contraire, c'est au point d'union des facultés, c'est au centre même de la conscience, c'est dans l'âme en un mot, que se développe le principe fécond de la pensée.

Ajoutons à ces observations la remarque suivante : elle complètera autant qu'il est donné à l'esprit humain de le faire, les notions que nous venons d'esquisser sur les caractères des différents sexes. Si la raison de la sympathie des caractères de deux individus, consiste dans des besoins réciproques, qui trouvent leur satisfaction dans une surabondance réciproque aussi des biens de leurs consciences respectives, on peut dire que ces biens sont pour l'homme un plus ample développement de l'esprit joint à une élévation de l'âme également plus grande ; tandis que pour la femme, ils consistent en un calme, un repos plus harmonieux de l'esprit et en une âme capable d'une expansion beaucoup plus considérable.

Mais toujours est-il que dans sa vaste portée, le lien du mariage confond en une société commune, non-seulement la vie extérieure des deux membres, mais encore la vie morale et la vie spirituelle. Ces deux dernières, en fondant la garantie de la moralité de la vie extérieure, assurent encore une source abondante de jouissances intellectuelles, qui répandent la félicité sur l'existence des époux.

LEÇON III.

De la part que l'âme prend à la science, et de la révélation.

MESSIEURS,

Dans ma première leçon, votre attention a été dirigée vers l'âme pensante, que nous avons envisagée comme le centre de la conscience humaine. Dans la seconde, j'ai cherché à vous représenter sous des couleurs vivantes, l'âme aimante comme centre du monde moral. L'objet de la troisième sera de vous montrer et de déterminer l'action de l'âme sur la science, qui est du domaine de l'homme. L'élément par lequel l'âme concourt à la formation de la science humaine n'est point difficile à reconnaître, il est vrai, si l'on se borne à l'envisager dans sa généralité; mais veut-on en suivre l'action dans ses détails, alors se présentent des difficultés qu'on ne peut dissiper que par un examen fait avec soin.

C'est l'âme qui fournit le langage à l'esprit, dans les opérations scientifiques. Il appartient à celui-ci de connaître, à celle-là d'exprimer; et remarquez qu'un des caractères de la science humaine, c'est d'être si étroitement lié au langage, qu'il en devienne l'organe essentiel. Le langage, je parle ici de la parole de l'homme, de cette parole qui est à la fois discursive et figurative, le langage, dis-je, est entièrement une production de l'âme, qui développe ici avec une profusion qu'on ne retrouve point ailleurs, toutes les richesses de sa fécondité.

Les deux facultés dont se composent l'âme, c'est-à-dire l'imagination et la raison, concourent également à cette formation merveilleuse. C'est à l'imagination que se rapporte la partie figurative et tout ce qui fait image, ainsi que la cadence qui lui prête les charmes de la mélodie et le ton qui lui communique la vie. Quant à l'admirable contexture, à l'enchaînement fondamental des éléments de la parole; quant à ces généalogies secrètes des mots, dont les souches plongent leurs racines jusque dans la nature même des choses, c'est encore à l'organe qui met l'homme en rapport avec la création sensible, je veux dire, à l'imagination qu'il faut les rapporter ; à moins qu'on ne préfère supposer dans l'âme un rapport plus immédiat avec la nature, auquel on les attribuerait.

L'ordre logique, la structure grammaticale, l'enchaînement régulier des parties formant la part de la raison, également indispensables, également essentielles, en deux parties, en deux éléments du langage, ne peuvent avoir l'un sur l'autre aucune supériorité absolue. Leur plus ou leur moins d'importance est relatif et subordonné au point de vue d'où on les envisage.

L'imagination et la raison participent donc également à la création de la parole, soit qu'on l'envisage dans la généralité, soit qu'on la considère dans ses applications de détail. Les autres opérations de l'âme dont nous avons eu l'occasion de nous occuper jusqu'ici n'offrent point la même harmonie dans l'action de ces deux facultés. Elles prennent l'une sur l'autre une prépondérance qui rend impossible l'équilibre dans la réciprocité de leur concours.

C'est précisément dans l'union intime de la pensée avec la parole qui en est l'organe, c'est dans la liaison de l'idée avec son expression, qu'est le caractère essentiel de la science humaine. C'est pour avoir méconnu cette condition de la science, qu'un grand nombre de penseurs purement spéculatifs s'égarent dans leurs travaux. Ils dédaignent ces moyens d'investigation imposés à la nature de l'homme, s'élèvent au-dessus de la portée de son esprit et marchent inconsidérément à la recherche de je ne sais quelle science vague, inaccessible et étrangère à ses facultés. Dans leur présomption, ils se flattent d'atteindre à sa hauteur, et de la conquérir; ils ne s'aperçoivent pas, aveuglés qu'ils sont, qu'ils courent après des ombres, et qu'outre l'inutilité de leurs chimériques occupations, ils perdent même jusqu'aux notions de la véritable science et échangent ainsi les réalités contre des fictions scientifiques et la paisible possession du vrai contre des disputes sans fin.

Si entre les esprits d'un ordre supérieur il y a quelque communication de la pensée, ce dont nous ne saurions douter, elle ne peut qu'être bien différente de notre langage, et tout à fait inconnue à notre nature raisonnable et organique, céleste et terrestre tout à la fois. En effet, selon les notions que nous nous sommes formées de ces substances spirituelles, nous concevons leurs relations mutuelles avec des conditions qui leur sont exclusivement propres. Leur langage ne peut être qu'immédiat, sans figures, sans division, sans composition et sans succession de parties. Ce n'est à proprement parler que la transmission, l'éveil, la manifestation de la pensée, par un acte de la volonté, ou bien encore l'excitation, la production de la volonté par la pensée.

Malgré la différence essentielle qu'il y a entre le mode de communication de l'ange et celui de l'homme, peut-être ne serait-il pas impossible de découvrir, sous les formes sensibles et matérielles du langage de celui-ci, quelque chose d'analogue à l'expression simple, immédiate de la pensée du premier. Toutefois ces traits d'analogie ne pourraient jamais établir une similitude complète et constante. Ce ne serait, par rapport à la parole humaine, qu'un élément, un principe de vie caché dont la manifestation n'aurait lieu qu'à la faveur de l'enthousiasme, c'est-à-dire, lorsque le discours étant élevé à la plus haute puissance de son action, la pensée de l'orateur se révèle avec de vifs traits de lumière, pénètre l'esprit de l'auditeur et exerce sur lui une vertu magique. Quoi qu'il en soit, il y aura toujours la distance de la terre au ciel entre la parole de l'homme et celle des substances incorporelles, et la première n'en reste pas moins un moyen de communication figuratif et symbolique dans lequel viennent se réfléchir, sous les formes extrêmement tenues des langages articulés qui leur donnent une excessive mobilité, les majestueux et grandioses hiéroglyphes de la nature. Toujours il exigera, par la condition même de ses éléments sensibles, une foule de détails et de circonstances de grammaire dont l'oubli ou l'omission, que l'imbécillité humaine rend inévitables, peut donner lieu à de graves méprises et réagir d'une manière désolante sur la science, la pensée et même sur la vie.

Le langage est étroitement lié à la tradition soit sacrée, soit profane, ainsi qu'à toute espèce de sciences traditionnelles; il marche de pair avec elles, dans un progrès commun. Car, si la parole est la racine, le germe d'où sort le tronc des sciences humaines dont les principes reposent sur la tradition en général, pour se développer ensuite en mille ramifications, on peut dire encore que c'est la parole qui en termine et en scelle, pour ainsi parler, l'expansion. En effet, la science ne se manifeste, ne s'expose, ni même ne se conçoit que par le discours, et le discours ne se développe que par le progrès de la science. Le langage est donc cause et effet.

Après avoir, sous la forme de simples éléments, communiqué son inépuisable fécondité à l'arbre imposant des connaissances traditionnelles, nous le retrouvons aux sommités du même arbre, sous les couleurs vives et variées qu'il emprunte d'une riche végétation. Il en est à la fois, les racines, les fleurs et les fruits.

11 Pour exposer d'une manière plus complète, et déterminer d'une manière plus tranchée l'action que l'âme exerce sur la science humaine par l'intermédiaire du langage, il est nécessaire de nous livrer à quelques recherches préalables sur la nature de la raison, de l'examiner dans ses rapports avec les facultés qui la touchent de plus près et qui en dérivent ; il est surtout important de tracer avec une grande exactitude la ligne de démarcation qui la sépare de l'entendement. Nous parviendrons par là, et ce résultat est indispensable, à classer les unes par rapport aux autres les facultés de l'âme et de l'esprit, dans le rang que leur assigne leur concours respectif dans la production de la science.

12 La mémoire et la conscience morale sont, relativement à la raison, ce que les sens, les penchants et les passions sont relativement à l'imagination. De part et d'autre, il y a les

mêmes rapports de dérivation et le même degré de subordination. Je n'envisage point ici la mémoire comme talent naturel ou acquis; je fais abstraction de la culture dont elle est susceptible, ainsi que de sa participation au développement intellectuel, et je me borne à la considérer dans sa liaison essentielle avec la raison et dans la part qu'elle prend à sa formation; je la considère, en un mot, comme le fil secret qui enchaîne nos souvenirs et coordonne les diverses parties de la conscience intellectuelle.

Quelques observations fournies par l'expérience nous feront mieux connaître les relations mutuelles qui assujettissent, l'une à l'autre, la raison et l'imagination. Qui peut se flatter dans ce bas monde de conserver tous ses souvenirs? Quelle est l'intelligence humaine, assez constamment recueillie, pour veiller sur toutes ses idées, au milieu du mouvement intellectuel dans lequel elle vit? Quelle est la mémoire qui n'ait reçu quelques brêches par le torrent de pensées qui inondent l'empire de la science?

L'observation lui prouvera, si elle est attentive, que toutes les fois que le fil de ses souvenirs, se rompant d'une manière quelconque, laisse une lacune dans ses idées, la raison en souffre, elle est entravée, paralysée dans son action, quelquefois même elle se dérange et se trouble. Quand, par suite de la faiblesse de l'âge, la mémoire s'éteint dans un individu, aussitôt la raison fait place à une sorte d'imbécillité et se neutralise toujours en raison de la perte des souvenirs. Le sommeil, il est vrai, assujettit notre conscience à des intermittences régulières : mais la mémoire ne se perd pas pour cela; elle n'est qu'endormie, et à notre réveil tous les rapports se trouvent renoués. Supposons que, éveillés en sursaut, la mémoire nous refuse tout souvenir et que nous nous trouvions plongés dans la nuit d'un oubli absolu, alors toute la conscience s'évanouira, et l'idée du moi restera ensevelie dans un chaos universel.

Il ne sera pas déplacé, ce me semble, de faire remarquer en passant comment la trinité de la nature humaine retrouve son application dans les différentes espèces d'aliénations mentales qui affligent certains individus. Dans la démence proprement dite, j'entends parler de cette espèce d'aliénation qui laisse l'individu paisible, c'est l'esprit qui est en défaut.

Ce qui caractérise cette maladie, c'est une idée fixe, à côté de laquelle il n'est pas rare de trouver, pour tout le reste, une sagacité extraordinaire. Il s'opère une transposition bizarre dans la conscience; l'idée fixe se fait centre, brise tous les rapports naturels de l'ordre primitif des pensées, et l'esprit perdant son point de mire accoutumé, s'égare tristement dans le délire de la folie. La frénésie, au contraire, a surtout son siége dans l'âme. Une cause quelconque l'arrache à l'empire de la raison, brise entre ces deux facultés tout rapport de subordination. Ainsi soustraite à la lumière du bon sens et dépourvue de principe régulateur, elle se livre à une force brutale qui se consume en efforts aveugles et dangereux. L'imbécillité enfin, lorsqu'elle est native, et que l'état parfait des sens extérieurs ne peut en expliquer l'existence, a toujours pour cause quelque vice dans la conformation du cerveau, c'est-à-dire dans les organes de la pensée. Cette dernière espèce de maladie mentale est toujours due à des accidents purement physiques ; tandis que les deux autres peuvent être en grande partie l'effet d'affections morales. Les sourds et muets, s'ils étaient abandonnés à eux-mêmes, reproduiraient sans doute le phénomène de l'imbécillité ; car, en eux, l'absence du langage serait suivie de celle de la raison. Aussi les hommes généreux qui se dévouent à la tâche pénible mais honorable de former à la raison cette classe d'infortunés, n'atteignent leur but qu'en substituant à l'usage du langage articulé le secours du langage des signes ; tant il est vrai de dire que c'est la parole qui imprime à l'homme le cachet de la raison. Je laisse aux sciences naturelles le soin de se livrer à des recherches plus approfondies sur les causes de ces différents phénomènes physiologiques, qui n'ont d'autres rapports avec mon sujet que celui de confirmer le principe général sur lequel repose l'édifice de mes doctrines relativement à la conscience humaine.

16 Vu l'étroite dépendance qui soumet les sens extérieurs à l'empire de l'imagination, on pourrait avec beaucoup de raison considérer ceux-ci, surtout les plus nobles d'entre eux, comme une imagination appliquée. Les inclinations, les penchants, soit bons, soit mauvais, étant dans les mêmes rapports avec cette faculté, pourraient encore être envisagés de la même sorte ou comme l'imagination passée à l'état de vie. On peut en dire autant de la mémoire relativement à la raison; c'est la raison appliquée, passée à l'état d'habitude et de routine.

17 Puisque c'est l'ordre logique qui forme la partie fondamentale et essentielle de la mémoire, il est clair que c'est dans ce même ordre logique que consiste son principal mérite et son utilité scientifique. Les aptitudes, les talents intellectuels qu'une longue habitude a transformés en une sorte de mécanisme et de routine aveugle, tel que la connaissance d'une langue

étrangère, de la musique, d'un art quelconque, ne sont, non plus, que la raison passée à l'état d'instinct; car ces aptitudes ou talents n'ont été acquis et mis en pratique, dans le principe, qu'à l'aide de la mémoire, tandis que la dextérité, l'instinct ingénieux des animaux, dans des choses qui sembleraient réclamer les lumières de l'intelligence, nous donnent l'idée d'une raison aveugle et privée de conscience.

Nous voyons par ces considérations, que la raison joue, à l'égard de la mémoire, le rôle d'une faculté très-officieuse. Son influence sur la conscience morale n'est pas moins grande, mais elle est plutôt négative que positive. La raison, sous ce double rapport, et aussi longtemps qu'elle respecte les limites de sa sphère, jouit, à juste titre, d'un haut degré d'importance. Si, de temps en temps, des plaintes se sont élevées contre ses prétentions, souvenons-nous qu'elles n'ont été provoquées que par le dévergondage du principe rationel, et que leur unique objet et leur unique but est de réprimer les empiétements de cette folle raison qui, d'une part, aspire à la souveraineté, et, de l'autre, se donne pour le principe générateur de la pensée et du monde scientifique, outrepassant ainsi à la fois et les bornes de sa mission et celles de sa nature.

19 La raison exerce deux fonctions bien distinctes : celle de distinguer, de diviser et d'analyser, et celle de combiner, de déduire et de conclure. Son activité, à ce double égard, peut s'étendre à l'infini jusqu'à perdre tout objet réel. Or c'est cette absence d'objet réel, dans les opérations de la raison, qui est la cause de l'erreur scientifique, laquelle a toujours sa source dans le vide de la pensée. En effet une pensée vide, un principe illusoire, que peut-il enfanter qu'une conséquence fausse et vaine? Il en est tout autrement lorsque la mémoire, enrichie des faits d'une expérience intellectuelle, fournit elle-même à l'activité de l'esprit les principes de la science, ou bien lorsque l'objet en est pris dans le domaine de la conscience morale ; car, encore qu'un objet de cette nature n'offre pas un bien vaste champ à l'action de

l'intelligence, il est cependant revêtu du caractère de la plus haute importance. Dans ces deux cas, les connaissances de l'homme reposent toutes sur des bases certaines.

La conscience morale a, de commun avec la raison, la faculté d'examen et d'analyse. Toutefois son action se manifeste sous un autre mode et dans un ordre de faits différents. Elle ne formule point ses perceptions à l'aide du langage discursif, sa voix se fait entendre par le sentiment simple et immédiat du juste et de l'injuste. Elle a pour fonction de distinguer entre le bien et le mal, fonction sublime et de la plus haute importance. Elle possède dans son expression mystérieuse, un caractère d'invariabilité qui comunique à son témoignage le plus haut degré de sanction.

En effet, quoique les idées régnantes, les différences de mœurs et de temps, ainsi que les habitudes de jeunesse, puissent jusqu'à un certain point en modifier le langage, il est toujours vrai de dire, que chez tous les peuples elle est immuable en ce qui en forme le ton essentiel et les accents fondamentaux. Partout on reconnaît en elle la voix de la nature humaine et l'organe de la crainte de Dieu. Son langage ne s'apprend point ; il est inné.

22 Plusieurs philosophes, frappés de ce caractère d'invariabilité, ont considéré la conscience morale comme la source principale d'où découle pour nous la vérité divine. Je souscris volontiers à leur sentiment, pourvu qu'on ne prétende point exclure les autres voies par lesquelles Dieu veut bien se révéler à l'homme.

23 Toutes les langues nous offrent, d'une manière ou d'une autre, dans les mots dont elles se composent, des rapports de dérivation qui, dans l'intérêt de la science, réclament de nous une observation attentive. Peut-on, par exemple, sans être frappé d'un trait de lumière, considérer la filiation intime qui rattache, dans notre langue, le mot *vernunft* (raison) au verbe *vernehmen* (percevoir), de telle sorte que le mot *vernunft* est l'expression exacte de cette perception mentale qui forme le complément de la raison et dont elle

est la fonction la plus sublime. Mais, pourrait-on me demander, quel est le rôle de cette noble faculté de la raison, en d'autres termes, quelle est l'action de la voix de la conscience morale, supposé que notre inconstante volonté recule devant ce qui, peu auparavant, avait déterminé son assentiment? Remarquons d'abord que la voix de la conscience a toujours été regardée comme une voix amie et bienveillante; c'est la conseillère de la sagesse qui nous avertit et éclaire nos démarches.

24 D'un autre côté, la détermination de la volonté doit être considérée comme influencée par un double principe qui, bien qu'inhérent à la nature humaine, demeure cependant en dehors du moi moral et du véritable principe de la détermination. Ce double principe est, d'une part, la conscience, de l'autre, les passions. La première nous dicte les règles du devoir, nous montre la voie du bien et du juste: les passions, au contraire, par des appas séducteurs, nous entraîne avec violence dans le chemin de la perversité. C'est entre ces deux influences réciproquement hostiles que se tient la volonté.

25 Essentiellement libre, elle peut ou se rendre au noble appel de la conscience, ou céder aux honteuses suggestions des penchants déréglés. La conscience est donc une des ancres qui fixent sur la mer furieuse des passions le vaisseau de l'existence morale. C'est une digue opposée au torrent de la perversion : c'est un des points d'appui de la vérité ou le flambeau de la sagesse, allumé en nous par Dieu lui-même.

26 Remarquons néanmoins que si c'est à la raison qu'appartient la merveilleuse faculté de la perception morale dont nous venons de parler, ce n'est plus à elle qu'il faut en accorder l'intelligence ou la compréhension, attendu que toute son activité se borne à l'ordre de perception. L'intelligence, la notion de ces révélations de la conscience, ainsi que celle de leurs rapports avec la divinité, tout ce qui concerne, en un mot, l'ordre de compréhension, est du ressort de l'entendement. C'est ici le lieu de faire connaître la différence qu'il y a entre la raison et l'entendement, diffé-

rence qu'il importe extrêmement de préciser avec le plus grand soin, afin de jeter un jour certain sur notre théorie de la conscience humaine, et de nous former une idée exacte des diverses opérations scientifiques de nos facultés.

27 Une certaine prédilection me porte à recourir, dans ce but, à un genre d'argument qui, à la première vue, pourra paraître étrange et même hardi, mais dont j'espère faire ressortir de vives lumières qui nous conduiront plus promptement au résultat cherché. Il me souvient que, dans l'une de mes précédentes leçons, voulant mettre en évidence le côté caractéristique de la conscience humaine, j'atteignis heureusement mon but, en établissant un parallèle entre la conscience de l'homme et celle des esprits supérieurs.

28 Pour le cas qui nous occupe ici, l'on me permettra de faire un pas de plus et de prendre mon terme de comparaison dans la conscience de Dieu même. Il s'agit donc d'abord de la définir et d'en constater le caractère dis-

tinctif au moyen des notions que nous fournissent les croyances générales ; puis, mettant en regard l'ensemble de l'intelligence humaine, nous arriverons à déduire du contraste qui résultera de ce rapprochement, une série d'observations propres à jeter un grand jour sur les fonctions de nos facultés et sur le rang qu'elles doivent occuper les unes par rapport aux autres. Dieu est un esprit : telle est l'expression de la foi partout où l'idée de l'unité divine est reconnue. Dieu est un esprit ; et voilà pourquoi on lui attribue un entendement omniscient et une volonté toute-puissante.

Cette proposition à laquelle l'enfant même, pour peu que son intelligence soit ouverte, attache déjà quelque sens, est encore l'axiome fondamental où la science la plus profonde va puiser en grande partie tout ce qu'elle peut nous dire de plus essentiel sur la divinité. La volonté et l'entendement, facultés qui constituent tout l'être des esprits créés et suffisant à leurs fonctions, peuvent donc être attribuées aussi, dans le sens réel du mot, à l'esprit incréé, pourvu qu'on le fasse dans des proportions en rapport avec l'infinie distance qui sépare le Créateur de la créature. L'Écriture sainte, le langage de la piété et de la prière, chez tous les peuples, attribuent à Dieu, sous des expressions tout humaines et des formes corporelles, une foule de facultés et d'organes incompatibles avec sa nature. Il y est question de ses oreilles, de ses yeux, du souffle tout-puissant de sa bouche, de la sage conduite de sa main, de la force de son bras et de plusieurs autres attributs métaphoriques de ce genre et plus hardis encore. Mais tant que ces expressions ne sont reconnues que pour des métaphores, l'intégrité de la notion divine n'est nullement compromise, et on ne doit point facilement en redouter l'abus. Il faut en dire autant des passions que l'homme, dans son langage, prête quelquefois à l'être impassible par essence; car bien qu'ici, il puisse paraître plus téméraire encore dans ses expressions, il n'articule pourtant rien qui soit opposé à l'idée que l'on doit se former de Dieu. De pareilles propriétés ne peuvent, à raison de l'imperfection qu'elles impliquent, trouver d'application réelle dans l'être infiniment parfait. Ne prenons point dans un sens plus littéral la mémoire de Dieu : là où il n'y a point d'oubli, il n'y a point de mémoire. Nous avons moins de raison encore de lui supposer la conscience morale : la balance de sa justice, la pensée qui, en lui, distingue le bien du mal, ne ressemble point au sentiment que nous en avons ; autrement ce serait confondre le juge avec le coupable qui se tient devant lui. Le premier homme lui-même, tant qu'il persévéra dans l'état de perfection primitive, n'avait point l'idée de sa conscience. Le sentiment, la perception de sa faute ne pouvait naître que de la faute même dont elle est une conséquence.

Tous ces attributs figuratifs n'ayant rien qui soit de nature à vicier la connaissance de la divinité, doivent être d'un libre usage. Mais la question à laquelle il s'agit de satisfaire ici, est de savoir si l'imagination, l'âme et la raison qui forment les attributs distinctifs de l'homme, ne peuvent point être données à Dieu dans un sens aussi réel que l'entendement et la volonté. La pensée saisit tout d'abord ce que cette question a d'incompatible avec la nature de la divinité. On ne peut nous la proposer sans nous transporter aussitôt sur le terrain de la Mythologie. Le fécondité intellectuelle, la puissance productive que l'homme, selon sa faible portée, trouve dans son imagination, Dieu la renferme dans la toute-puissance de sa volonté qui crée et met au jour son objet même, différant en cela des êtres créés dont la vertu productive ne s'exerce et ne peut s'exercer que sur des objets déjà existants. La volonté divine est donc le cœur de cette immense paternité qui nourrit et porte en elle toutes les créatures; ou bien encore, c'est le sein maternel de l'éternelle génération qui, pour donner la vie à l'univers, ne réclame le secours d'aucune puissance distincte d'elle.

31 Quelques auteurs peu connus des premiers siècles du christianisme ont parlé de l'âme de Dieu; mais leur opinion a été entièrement

abandonnée ; peut-être, parce qu'on craignait qu'elle ne fournît l'occasion de confondre l'âme de Dieu avec l'âme du monde. Au surplus l'âme, par sa nature, est un principe plus passif qu'actif, et par cela seul elle doit rester étrangère à l'essence divine. Le troisième élément qui, ajouté à l'entendement et à la volonté, forme le complément de l'être incréé, n'a rien de commun avec ce que l'on pourrait appeler l'âme de Dieu : c'est l'esprit d'amour, dans lequel les deux premiers viennent se confondre. L'entendement, la volonté, l'esprit d'amour, renferment donc la notion fondamentale de la Divinité. Et c'est à cela que se borne tout ce que l'homme, même le plus profond penseur, peut savoir de l'être incréé. Toute idée qui franchit ces limites ne doit être considérée que comme une explication, un développement de cette notion première.

Mais si l'essence divine ne comporte ni l'imagination, ni l'âme, elle n'admettra pas davantage la raison, ou au moins on ne saurait la lui attribuer dans le sens propre du mot. Dieu, sans doute, est l'auteur de la raison, j'entends par ce mot la raison saine qui a son point d'appui dans le centre même de la vérité, et qui a respecté les bornes de sa destination originelle; mais il ne suit nullement de là qu'il soit ou qu'il puisse être une seule et même chose avec cette même raison dont il est le créateur. S'il en était ainsi, les prétentions du panthéisme et du rationalisme seraient justifiées, car alors la science de Dieu ne serait plus qu'une science de la raison ; les semblables ne pouvant être connus que par les semblables.

Ce n'est point la raison, mais bien l'entendement, supposé toutefois la coopération des autres facultés de l'esprit et de l'âme, qui est, à proprement parler, l'organe de la connaissance de Dieu dans l'homme ; c'est là la corde qu'il faut faire vibrer, si l'on veut s'entendre et se faire comprendre sur cette matière. La connaissance de Dieu est donc tout simplement une science d'expérience, ressemblant, quant à sa manière de procéder, à toutes les sciences de ce genre, bien que, du reste, l'infinie sublimité de son objet la tienne élevée au-dessus de la sphère ordinaire des sciences purement humaines.

Si l'imagination a pour fonction de concevoir, de saisir l'objet; et la raison, celle d'en distinguer et ordonner les parties, c'est à l'entendement qu'il appartient d'en sonder la raison et de pénétrer, par une vue intérieure, le secret de sa nature. L'entendement comprend un fait, un objet, quand il en a trouvé le véritable sens intrinsèque, les propriétés caractéristiques et la vraie signification; que cet objet, soit pris dans l'ordre réel ou dans l'ordre intellectuel, tel qu'un mot, une conversation, par exemple; car dès que nous avons dévoilé le dessein, l'intention cachée sous ce mot ou cette conversation, nous avons la compréhension de l'objet, supposé même que quelques circonstances secondaires, à raison de leur peu d'importance, aient échappé à la perspicacité de notre vue.

Il y a plusieurs degrés de compréhension, et l'action de l'entendement s'exerce dans des sens très-variés : c'est ce que nous prouvera un exemple simple et mis à la portée de toutes les intelligences. Admettons qu'une plante très-remarquable, mais très-rare et tout à fait inconnue, nous ait été apportée d'un pays étranger, le naturaliste, après en avoir étudié la conformation extérieure, la classera dans la famille qui lui convient. Le chimiste, conjecturant d'après des signes d'une autre nature, essayera de déterminer les corps simples qui la composent. Le médecin, de son côté, interrogera ses propriétés sous le point de vue médical. Si les conjectures du naturaliste, du chimiste et du médecin sont confirmées par l'expérience, les trois observateurs auront, chacun à sa manière, compris la plante soumise à leur examen.

Combien lent et insensible est le progrès de l'entendement dans l'étude d'une langue étrangère, ancienne et hérissée de difficultés, dans le déchiffrement d'un écrit ou d'une inscription dont l'alphabet ne nous est connu ou ne nous a été donné qu'en partie !

Par combien d'essais, par combien de tatonnements ne procède-t-il pas, dans sa marche incertaine, avant d'arriver au point lumineux qui lui donne la clef de la vraie signification! Notre époque nous fournit un exemple frappant et bien propre à confirmer ce que je viens d'avancer, ainsi qu'à nous faire voir qu'un modérateur suprême dirige la marche de l'esprit humain dans la carrière de la science.

Pendant plus de quinze siècles, les antiques hiéroglyphes d'Égypte demeurèrent muets en face du monde entier, et ce ne fut que pendant les dernières secousses politiques qui ébranlèrent le monde entier, qu'un heureux hasard fit entendre de nouveau leur voix mystérieuse. On se souvient encore de l'expédition, si brillante en apparence, faite en Égypte, et du projet hardi de planter aux pieds des pyramides la civilisation européenne. Des vues aussi grandioses mirent en mouvement l'Europe entière.

Mais le projet échoua, et la préoccupation d'événements plus graves et plus importants en détruisit bientôt jusqu'au souvenir. La seule chose utile qui nous en reste, et qui a fait une époque signalée dans le paisible empire de la science, c'est le modeste monument qu'on nous en a apporté avec sa triple inscription. Toute une génération s'est consumée en vains labeurs pour pénétrer le sens de ces caractères mystérieux. Enfin une heureuse rencontre ouvrit la voie à l'entendement, et bien que, sur sept cents figures hiéroglyphiques environ, il n'y en ait encore que cent sur lesquelles on soit parvenu à déchirer le voile de l'énigme, toujours est-il que cette découverte a ouvert un nouveau monde à la science, en lui frayant une route sur le sombre terrain de l'histoire primordiale de l'homme. Cet événement intellectuel coïncide, chose remarquable, avec un progrès aussi surprenant dans les sciences naturelles et dans les sciences historiques.

D'une part, on est parvenu à réunir aussi quelques-uns des majestueux caractères de l'alphabet de la nature, et à déchiffrer quelques mots de son magnifique langage. D'autre part, de nouvelles sources historiques font déborder, de tous côtés, dans le domaine de l'intelligence, des flots de connaissances sur l'antiquité la plus reculée; en sorte que tout concourt à affermir et à placer sous le jour le plus brillant ce que nos sciences possédaient déjà de vrai. Qui sait si tant de lumière ne nous fera point lire aussi les sombres hiéroglyphes de notre époque sociale, et ne donnera point le mot de l'énigme de cette terrible lutte qui s'établit entre les esprits?

Telle est la marche de l'entendement dans les sciences. Le but de cette digression a été d'en constater la lenteur ainsi que l'esprit qui la dirige. Mais si le progrès, si l'accroissement de la vraie science, telle que la nature humaine la comporte (je ne parle que de la science qui repose sur l'expérience, quel que soit d'ailleurs l'ordre auquel appartiennent les faits, quelles que soient les vérités qui en font l'objet, qu'elle repose sur la tradition, sur la parole, ou qu'elle ait la révélation pour base), si les progrès, dis-je, en sont si mesurés, si peu sensibles, la science fausse au contraire, c'est-à-dire cette science non-humaine, qui se place en dehors de notre portée intellectuelle, progresse avec une rapidité d'autant plus étonnante ; elle veut nous faire tout embrasser à la fois, et nous mettre d'emblée en possession de l'univers.

Aussi, après avoir flotté quelque temps entre l'être et le néant, finit-elle par se dissoudre en vaines vapeurs, et disparaître comme un nuage fugitif, pour nous laisser de nouveau dans un vide affreux, dans l'absence de toute science. Combien serait faible et incertaine l'autorité de la science divine, si elle était abandonnée à la création de l'esprit humain, et si elle n'avait d'autre appui que sa fragile raison!

Quelque cohérence, quelque harmonie que le génie de l'homme puisse mettre dans les parties de l'édifice théologique de son invention, toujours l'esprit de doute planera sur ce système factice. La foi n'adhérera jamais aux doctrines qu'il enseigne, parce qu'elles manquent du cachet divin, et que, dépourvues du signe de cette suprême authenticité, elles peuvent n'avoir de réalité que dans le cerveau qui les a enfantées. Ce même doute se retrouve au fond de tout idéalisme. Il reparaît successivement sous les mille et une formes de l'erreur qu'il reproduit sans cesse.

Ce caractère de variabilité seul suffit déjà pour ôter au rationalisme toute espèce de droit à notre assentiment. Il est vrai que, placée sur ce terrain, la raison développe facilement les idées de l'infini, de l'immensité et de l'absolu; mais toutes ses définitions ne sont que de pures négations qui ne nous apprennent rien de ce qu'il nous importe le plus de savoir. Je serais curieux de voir comment de l'idée métaphysique de l'absolu, idée de prédilection des rationalistes, on pourrait déduire les attributs positifs de la Divinité, tels que la patience ou la longanimité, et établir, par des preuves logiques, que cette même patience, propriété si précieuse pour nous, a sa raison dans l'essence même de ce Dieu absolu, ou mieux, de l'absolu, pour me servir de leur dénomination favorite.

Il est encore une autre manière erronée d'attribuer à Dieu la condition de l'absolu. Que Dieu soit absolu dans son mode d'existence ; c'est-à-dire en d'autres mots, que la première cause soit indépendante, qu'elle ne puisse être subordonnée à aucun principe antérieur, c'est une chose qui s'entend d'elle-même, et il n'y a là qu'une pure tautologie. Mais que, dans ses rapports avec l'homme et avec la création, Dieu, soit dans son essence, soit dans ses attributs, se manifeste avec le caractère de l'absolu, c'est une proposition qu'on ne peut admettre. Malheur à tous les hommes, malheur à toutes les créatures, si Dieu était absolu pour eux, si sa justice, par exemple, qui tient le premier rang entre tous ses attributs, s'appesantissait sur leurs têtes coupables avec tout le poids de l'infini, et si la compassion, la patience, la grâce n'en limitaient l'immensité de mille manières !

Le monde entier, s'il était en face de la justice absolue de Dieu, tomberait soudain, frappé d'effroi, en cendre et en poussière.

Mais il n'en est point ainsi, nous l'espérons. Bien plus, nous le croyons, et j'ajouterai même, nous savons que la justice de Dieu est extrêmement restreinte par son amour paternel, par son indulgence et par sa bonté. Sans doute il ne faut point oublier non plus, d'un autre côté, que ce même amour, cette même bonté de Dieu, sont à leur tour limités par sa justice.

Cette vérité importante semble avoir été méconnue dans une certaine théologie moderne, théologie molle et facile dans ses maximes, et dont les bases reposent sur un jugement trop sentimental des choses divines. La saine critique l'a jugée pour ce qu'elle vaut, et elle est presque entièrement reléguée dans l'oubli. Je ne m'en occuperai pas ici parce qu'elle est en dehors du cercle d'idées que je me suis tracé.

Quand nous disons que la justice et la bonté de Dieu se servent mutuellement de contre-poids, notre proposition n'a rien d'inintelligible : mais que les idéalistes nous définissent les singulières propriétés de leur vain fantôme de l'absolu, leurs paroles, vides de sens, ne jettent aucune lueur dans notre esprit, et plus ils les répètent, plus elles deviennent incompréhensibles.

Combien plus justes sont, sur ce sujet, les pensées des anciens philosophes, surtout des pythagoriciens! Selon eux, l'indéfini, l'illimité, l'absolu, est le caractère essentiel du mal et de l'imparfait en général; tandis que le propre du bien et du parfait est d'être positif, fermement déterminé, et de renfermer en soi le germe, le principe de l'hypostase; et voilà pourquoi la personnalité, l'hypostase de Dieu est l'idée fondamentale, le dogme universel, la vérité essentielle de toute religion qui reconnaît le vrai Dieu; c'est le centre, l'axe autour duquel se meut, dans nos études sur la nature divine, l'action investigatrice de notre esprit. La question est de savoir maintenant si la philosophie, méprisant l'autorité des croyances unanimes des peuples, ne peut et ne doit regarder le dogme de l'hypostase divine que comme une idée purement apparente, sans réalité intrinsèque, et non comme un fait constant, tenant à l'essence même de l'être : car, si jusqu'ici il ne s'est trouvé, même en Allemagne, qu'un seul penseur qui ait eu le courage de le nier franchement et sans détour, cependant tous les rationalistes s'accordent à l'éliminer secrètement du sanctuaire de la science, ou à l'enfouir sous le vague de leurs spéculations.

Or, je le demande encore, appartient-il à la philosophie de se constituer en opposition ouverte avec le sentiment universel et si profondément enraciné du genre humain, et d'établir une scission irrémédiable non-seulement entre la science et la foi, mais encore entre la science et la vie ? Tels sont les déplorables effets du rationalisme.

Mais quittons le Dieu absolu de la raison, pour nous occuper du Dieu vivant et hypostatique des croyants de tous les temps et de tous les lieux. La connaissance de Dieu et des choses divines n'est point, nous l'avons dit plus haut, le résultat des spéculations de la raison. Les notions que nous en avons ne sont que les idées de l'expérience, et ne s'étendent point au delà des données qui nous ont été communiquées.

On voit quelle modification ce peu de mots fait subir à la question, et combien est différent le point de vue sous lequel il nous la présente. Dieu s'est communiqué au genre humain, il lui a parlé, il s'est révélé à lui; ce fait est attesté par toutes les traditions qui, plus elles se reculent dans la nuit des temps, plus aussi elles se confondent dans l'unanimité de leur témoignage.

Mais si Dieu s'est communiqué à l'homme, il faut supposer dans celui-ci une certaine aptitude qui le rende capable d'une compréhension plus ou moins complète de cette révélation. Admettons, si l'on veut, que, vu son imbécillité intellectuelle, il n'ait compris la révélation dont Dieu le gratifiait, que comme un enfant de dix-huit mois entend la conversation de sa mère.

Quelque simples que soient les paroles de

celle-ci, l'intelligence volage de l'enfant laissera sans doute échapper bien des choses, d'autres seront faussement interprétées ou ne frapperont qu'imparfaitement son attention; ses réponses, si l'on veut, seront fort impertinantes; cependant il aura compris quelque chose, nous ne saurions en douter, encore qu'un défiant théoricien essaie de nous prouver que cet enfant est incapable de toute compréhension, tant qu'il n'aura point étudié méthodiquement les éléments du langage. Tout enfants que nous soyons dans la science qui a Dieu pour objet; quelque borné que soit notre esprit, qui est bien, il est vrai, une étincelle de la lumière divine, mais qui n'est qu'une étincelle; quelque distraite que soit notre âme, que des rapports d'alliance entraînent irrésistiblement vers le monde sensible, il est néanmoins un fait qui résiste à tout argument contraire, c'est que nous croyons ce qui tombe sous nos sens, nous croyons ce que nous voyons et ce que nous entendons.

Telle est la science théologique des vrais

croyants, science simple et modeste dont rougit l'orgueilleuse raison, et contre laquelle elle se révolte. Voilà pourquoi, abandonnant toutes les voies scientifiques accessibles à nos facultés intellectuelles, elle se perd dans les déserts de l'indéfini et de l'absolu, pour y édifier, sur le sable mouvant, une science qui répugne aux conditions de notre nature. Et pourtant les quelques mots de la révélation où nous puisons nos notions sur la Divinité nous suffiraient bien, si nous savions en faire un saint usage et en garder fidèlement le dépôt. Dieu n'a-t-il pas départi à chaque créature la somme de connaissances qui lui convient?

Me voici naturellement amené à former une nouvelle question. Si Dieu s'est communiqué aux hommes, s'il leur a parlé, n'était-il pas de sa sagesse d'établir ici-bas une autorité investie du pouvoir de propager dans le monde les connaissances révélées, comme de celui d'en interpréter le sens et d'en conserver l'intégrité? La réponse à cette question m'entraînerait, comme on le voit, au delà des limites que je me suis prescrites. Elle touche à la partie positive de la foi, et appartient au domaine de l'histoire. Nous restons au contraire dans les bornes de notre sujet, tant que nos recherches n'ont d'autre but que celui de savoir si la connaissance de Dieu est un système purement rationel, ou si elle est le résultat de l'expérience et de la révélation.

En effet, y a-t-il une tâche à remplir plus importante pour la philosophie que celle de prononcer entre l'être et le néant, entre la vraie science de l'entendement et les folles spéculations de la raison? Pour résoudre une question aussi fondamentale, il importe beaucoup de consulter préalablement les habitudes du langage, et de s'en tenir aux expressions admises dans tous les temps.

Or, nous ne voyons pas sans étonnement que, nulle part dans l'Écriture sainte, nulle part chez les grands philosophes de l'antiquité, il n'est question de la raison de Dieu;

mais toujours et partout on ne parle que de son entendement omniscient. La substitution de la raison à l'entendement divin n'a trouvé lieu, dans la science, que dans les temps modernes, lorsque la raison humaine se fut proclamée reine absolue de la pensée, et à la faveur de la confusion babylonique qu'elle provoqua dans le langage. Si l'antiquité pouvait offrir une exception à cette remarque générale, elle ne pourrait être fournie que par quelque stoïcien. Leurs étranges doctrines sur la Divinité, leurs idées sur l'inflexible nécessité, sur l'aveugle destin ne sympathisent que trop, comme on le sait, avec les maximes du rationalisme. Et cette exception apparente, loin de détruire notre assertion, ne ferait que la confirmer; elle serait une nouvelle preuve que la corruption du langage a toujours pour cause une déviation de la raison, ou que l'erreur de la pensée entraîne l'abus du langage.

Dieu est sans contredit l'auteur de la raison. Que si, par la raison de Dieu, l'on veut entendre l'ordre divin extérieur établi dans la création, et auquel Dieu reste étranger quant à l'essence, dès lors la dispute ne portera plus sur les mots, mais sur les idées qu'on y attache, et partout l'expression peut paraître indifférente. Toutefois il serait à désirer qu'on évitât tout terme équivoque lorsqu'il peut donner lieu à de si graves malentendus. Cette précaution semble d'autant plus nécessaire dans le cas présent, qu'il s'agit de définir avec exactitude la saine raison pour la distinguer de la raison fausse. Dieu est l'auteur de la saine raison, de la raison soumise à l'ordre divin, et docile aux lois qu'il renferme. L'auteur de la raison fausse, de la raison rebelle, au contraire, c'est l'esprit de négation, c'est l'esprit de révolte, qui, après s'être soulevé contre Dieu, entraîna dans sa déplorable résistance une si grande partie de la création.

Car, depuis que par la rébellion il a perdu son centre et qu'il ne peut plus le retrouver en lui-même, il travaille avec une indicible ardeur, avec une violence qui tient de la rage, à s'en former un nouveau hors de lui, et c'est sur notre monde sensible qu'il a jeté ses yeux de convoitise ; c'est dans l'âme de l'homme, le plus noble ornement de la création, qu'il cherche à établir son point d'appui, et voilà pourquoi il met tout en œuvre pour l'attirer à lui. Tel est le principe de la raison rebelle qui désole l'empire de la vérité. Ce qui la caractérise essentiellement, c'est de s'être détaché de son centre qui est l'âme aimante, et d'avoir, par là, rompu la chaîne qui la mettait en rapport avec la Divinité ; c'est de s'être soustraite à l'obéissance amoureuse, qui, dans l'ordre divin, est le lien sacré des âmes.

Maintenant à laquelle, de la saine raison, ou de la raison rebelle, faut-il accorder la plus grande influence sur ce chaos d'idées qui fermentent dans l'esprit de notre époque ? C'est une question dont j'abandonne la solution au jugement de tout homme qui a quelque expérience de la vie et des sciences.

La philosophie dont j'ai entrepris l'exposé, si on la considérait dans son opposition avec le matérialisme et l'idéalisme, pourrait avec beaucoup de justesse porter la dénomination de spiritualisme. En effet l'esprit, pour elle, tient le premier rang; l'âme, au contraire, lui sert de base et de point d'appui. Ses doctrines sur la Divinité sont également opposées au rationalisme. Son Dieu est un esprit vivant, hypostatique, et non une raison absolue ou simplement un ordre-raison. Mais comme nos idées, étrangères à toute spéculation purement rationelle, ne sont que le résultat de l'expérience, bien que prises dans un ordre supérieur, nous nous abstiendrons de toute dénomination qui puisse faire soupçonner en elle le moindre travail systématique. La qualification la plus convenable pour elle est le modeste nom de *philosophie de la vie*.

Au reste, ne restreignons pas à la parole écrite la révélation par laquelle Dieu se montre aux hommes. La nature aussi, soit dans ses formes, soit dans sa substance, est un livre qui nous révèle la majesté divine, et dont les caractères ont tous été tracés par le doigt de Dieu. C'est à sa manière un écrit saint, un cantique magnifique à la louange du Créateur, cantique composé de lettres animées et d'images vivantes. A côté de ces deux témoins imposants de la grandeur de Dieu, se fait entendre la conscience morale dont la voix est l'écho de la parole divine; elle a surtout pour mission de nous mettre sur les traces des deux autres sources de vérités révélées.

L'histoire universelle est encore une autre espèce de révélation. En levant, sous nos yeux, le voile de la scène du monde, et en nous faisant suivre le fil des événements, elle témoigne, d'une manière irréfragable, de la présence d'une intelligence supérieure, modératrice des actions du genre humain. Il n'y a pas jusqu'à l'histoire particulière d'un peuple, d'une époque, qui ne mette en évidence l'action bienfaisante de la Providence.

La conscience, la nature, l'écriture et l'histoire universelle, sont donc les quatre sources où il nous est donné de puiser la notion de Dieu, la connaissance de sa volonté et l'intelligence de ses œuvres. La quatrième de ces sources, l'histoire, est souvent terrible dans ses leçons. Son langage sévère nous frappe, que nous le voulions, que nous ne le voulions pas: en sorte que l'on peut dire que celui qui ne veut pas l'écouter, le sent. Que l'édifice d'une prodigieuse prospérité, dont le faux éclat et le prompt accroissement attestent assez qu'il n'est point basé sur le terrain solide de la vérité et de la justice, mais bien qu'il a été élevé sur le sol sans consistance de la fraude et sous les auspices de quelque mauvais génie; qu'un tel édifice, dis-je, vienne à s'écrouler soudain sous le souffle invisible d'une puissance supérieure, aussitôt le sentiment, l'opinion publique démêle, dans les causes de cette catastrophe, la main qui dans tous les temps a su mettre des bornes à la témérité des hommes, et tracer des limites à leur fausse et présomptueuse sécurité.

Et le souvenir de la justice et des châtiments divins, souvenir relégué, pour les esprits de notre époque, au rang des idées surannées, se réveille néanmoins et se communique vivace à tous les esprits et les pénètre profondément. Malheureusement les fruits de pareilles leçons sont de peu de durée. Bientôt tout rentre dans le calme de cette folle confiance qui est la cause de toutes nos fautes, et qu'on peut regarder comme le premier des péchés originaux de la race humaine.

L'Écriture sainte, telle que nous la possédons, ne remonte pas au delà de trente-trois siècles: Elle n'exclut en aucune manière les traditions antérieures à son origine, pas plus que les révélations dont les hommes ont été gratifiés primordialement. Elle nous apprend clairement, au contraire, que Dieu s'est manifesté aux hommes qui ont servi de souches au genre humain, à Adam d'abord, puis à Noé, après la destruction du monde gigantesque de la période antédiluvienne.

Les connaissances découlant de ces sources, s'étant ensuite répandues en flots libres, irréguliers, et dans des directions dépourvues de digues protectrices, sur le terrain vicié des générations postérieures, bientôt les antiques traditions se trouvèrent enveloppées du faux brillant de la fiction et de la fable; et, sauf les nombreux traits de vérité qu'elles conservèrent parce qu'ils ne purent être effacés, elles furent bien vite transformées en honteux mystères ou en hideuses orgies:

Enfin la vérité finit par s'éclipser sous la masse des images séduisantes dont on la couvrit, et tomba dans un nouveau chaos de symboles contradictoires. De là cette confusion d'idées, de souvenirs, de symboles et d'images, confusion qui se présente comme un fait général chez tous les peuples de l'antiquité, même chez les plus anciens d'entre eux, et qui ne fut pas moins désastreuse pour la science et la vérité que celle dont Babylone fut témoin.

Lorsque, par une deuxième révélation, fut entreprise l'œuvre difficile de la restauration de la connaissance de Dieu et des choses divines, une condition essentielle au succès fut l'exclusion rigoureuse de toute fiction païenne et de toute immoralité. Le premier livre, que l'on pourrait nommer l'évangile de la création, repose sur ce fait formellement énoncé, savoir que Dieu a parlé à Adam, ensuite à Noé, choisis l'un et l'autre pour être, à différentes époques, les pères du genre humain. C'est là qu'est déposée la clef de l'histoire et de la révélation du premier monde; c'est là la vraie genèse du monde, ainsi que celle de son histoire et de sa science.

Ces deux circonstances qui accompagnent la révélation, c'est-à-dire, d'une part, la mention expresse des communications divines faites aux deux souches du genre humain, communication dont on retrouve tant de traces dans le paganisme, et, d'autre part, le rejet sévère de toute idée païenne et fabuleuse, méritent au plus haut degré notre attention. Leur oubli pourrait donner lieu à un doute funeste et favoriser des vues fausses, dont l'effet serait de faire perdre à l'intelligence de l'ensemble de la révélation, la simplicité qui lui est essentielle, et d'en exposer la notion au péril d'être viciée.

Mais si l'expérience sert de fondement à la philosophie et à toute espèce de science d'un ordre supérieur, dont j'excepte toutefois les mathématiques, qui sont moins une science positive, portant sur des objets réels, qu'un instrument merveilleux et fécond en procédés auxiliaires pour l'étude de toute autre branche scientifique ; et si, de plus, toute science empirique suppose dans l'homme un sens, un organe particulier qui lui serve de moyen de perception, nous sommes autorisés à dire que, dans le domaine de la vérité, les diverses espèces de connaissances humaines correspondent à l'une ou à l'autre des quatre facultés principales de la conscience, selon que celles-ci présentent, à l'égard des premières, plus ou moins d'aptitude et d'affinité. La raison qui dans la conscience morale se montre déjà, selon ce qui a été dit plus haut, comme un sentiment immédiat, comme le sens intime du juste et de l'injuste, peut encore être considérée comme la faculté du développement et de la communication de la pensée humaine en général, et, sous ce point de vue, elle est un organe commun à toute espèce de science. Subordonnée au langage qui lui sert d'intermédiaire nécessaire, c'est elle qui établit l'harmonie, l'unité entre les hommes et leurs pensées. On pourrait encore lui donner le nom de sens humain par excellence, attendu qu'il sert de base à tous les autres organes particuliers de la science. L'imagination, qui n'est qu'une impression de la vie ou des propriétés vivantes de la nature, est le sens, le tact qui correspond au monde sensible; c'est elle qui prête aux sciences naturelles leur juste signification, en conçoit l'objet avec toutes les conditions vivantes de la réalité, et leur communique ainsi toutes les couleurs de l'existence extérieure, comme nous le verrons lorsqu'un lieu plus favorable au développement de cette idée se sera présenté.

La compréhension d'un fait quelconque, laquelle suppose toujours l'intelligence préalable du sens et de l'esprit de la chose, tombe immédiatement dans le domaine de l'entendement. C'est à lui qu'il appartient de connaître de tout esprit, soit humain, soit divin, qui se manifeste dans le monde sensible. C'est donc à son discernement qu'est soumis l'esprit de la révélation et la révélation de l'esprit. A cet égard, il coopère d'une manière essentielle à la perception de la notion de Dieu. Ce n'est point à lui pourtant que nous départirons la prérogative immédiate de l'expérience toute spéciale des connaissances divines, mais bien à la volonté, comme il sera démontré plus loin.

La manifestation et la connaissance de la vérité divine seraient complétement inutiles à l'homme, si elles ne supposaient, dans celui-ci, une aptitude à la faire fructifier après l'avoir reçue, et une disposition à cultiver le bien. Le terrain riche et gras destiné à recevoir la semence précieuse de la connaissance de Dieu, avec les eaux fécondantes de la vie dont l'Esprit révélateur a lui-même fixé les autres sources dans les quatre modes de révélation distingués plus haut, c'est l'âme, puissance qui, dans toutes ses parties, se montre merveilleusement impressionable aux choses divines et au bien en général.

C'est ainsi qu'outre sa coopération au développement de la pensée par l'intermédiaire du langage, elle prête encore un nouveau secours aux opérations de la conscience intellectuelle. L'entendement lui-même, dans ses hautes méditations sur l'esprit de la révélation, se laisse conduire par ses suggestions bienveillantes.

En effet, l'idée de Dieu et des choses célestes n'est point une idée stérile qui frappe indifféremment l'esprit : c'est une notion pleine de vie qui remue l'âme avant de toucher l'entendement, et elle ne peut être comprise dans son intégrité que par la perception simultanée de ces deux facultés. L'âme perçoit donc la connaissance de Dieu par le sentiment, et ce même sentiment, lorsque réagissant sur l'entendement il détermine l'action de la pensée et de la parole, devient, dans le sens propre du mot, ce que nous appelons philosophie. Il n'est point question ici de la philosophie sophistique de l'école, mais bien de cette philosophie simple et vivante, que nous nommons philosophie de la vie. Ces diverses fonctions, ces diverses propriétés de l'âme nous portent donc à l'envisager comme le point de jonction, vers lequel confluent, sous la lumière d'une contemplation vaste et libre de l'entendement, les flots de vie et de vérité dont la source est dans la quadruple révélation donnée à l'homme.

Aussi voyons-nous que le mode le plus naturel et le plus ancien, sous lequel la philosophie ait donné ses leçons, est la forme d'entretien et de conversation, mode qui n'exclut nullement la citation ni même l'explication des maximes les plus sublimes; et rien ne nous empêcherait de définir la philosophie en elle-même, une conversation de l'âme sur les choses divines, dirigée par les lumières d'une libre réflexion. C'est la forme qu'elle revêtit sous le génie des premiers philosophes de l'antiquité, tels que les Pythagore, les Socrate et les Platon.

Les deux premiers ne communiquaient leurs observations que de vive voix, et accompagnaient ainsi leurs enseignements de tous les charmes et de tout l'intérêt de la conversation; le troisième alla plus loin, et fixa par l'écriture le résultat de ses réflexions. Ces grands penseurs ne s'ouvraient jamais qu'aux classes d'hommes de la plus haute distinction et du mérite le plus reconnu, quel que fût du reste leur sexe et leur âge, consultant toujours en cela la nature et la dignité des choses qu'ils se proposaient de traiter.

Pythagore fut le premier qui ouvrit cette voie. Les deux autres le suivirent généralement, et ne confièrent leurs pensées qu'à un cercle de personnes choisies, les plaçant en quelque sorte sous le sceau de l'amitié. Du reste, leurs idées se discutaient avec toute la familiarité d'une conférence animée et exempte de contrainte. La nécessité de faire bonne contenance en face de l'arrogance des sophistes les a forcés sans doute de recourir quelquefois aux armes ordinaires de ces derniers, et Platon a peut-être, en plus d'une occasion, usé trop largement de la tactique de ses antagonistes. Les sophistes répandirent enfin leur aride science dans la classe du peuple, qui en fit une affaire de parti.

Arrachée du sanctuaire sacré de la vérité, et prostituée sur les places publiques par ceux-mêmes qui s'en proclamaient les protecteurs; elle devint bientôt, dans ses maximes et dans ses mystères les plus sublimes, la pâture d'une manie scientifique populaire, qui n'avait d'autre règle que le dévergondage d'une raison sans pudeur. C'en était fait de la philosophie; et le monde des intelligences allait rentrer dans le chaos, lorsqu'Aristote, résumant dans sa puissante tête toutes les doctrines des philosophes qui l'avaient précédé, les classant par une combinaison neuve et profonde dans un nouvel ordre; les garantit, en les consignant dans ses livres, d'une ruine complète. Puis, la faisant disparaître de la vaste scène de la vie publique dont elle était l'âme et le principe vital, il la confina dans les étroites limites de l'école.

Tout en déplorant l'exiguité de la sphère dans laquelle il en restreignit l'action, on ne peut néanmoins, vu les commotions sociales occasionnées par le mouvement démocratique et par les armes macédoniennes qui déjà avaient porté un coup mortel à la vie intellectuelle et publique des Grecs, on ne peut, dis-je, ne point reconnaître un service éminent rendu à la science par le génie sagace des philosophes grecs.

LEÇON IV.

De l'âme dans ses rapports avec la nature.

Messieurs,

« Notre science n'est qu'un composé de lambeaux : » c'est ainsi que, dans le transport de son courroux, s'exprime l'homme de Dieu dans l'Écriture sainte; « notre science n'est qu'un composé de lambeaux et nos prédictions aussi, continue-t-il, ne sont que des vues détachées et incomplètes. » Que cette sentence soit vraie en ce qui regarde la science, même la science de Dieu, la seule qui mérite ce nom et puisse nous dédommager de nos labeurs; c'est un fait que nos réflexions précédentes ont mis hors de doute. Ce qui y est dit de nos prédictions se rapporte surtout à la science de la nature: or, l'exposition des idées que je me propose de développer aujourd'hui démontrera combien l'expression de l'Écriture est fondée.

En effet, quels sont les résultats de toutes nos recherches sur la nature, dès que, laissant à part l'étude des détails, nous nous élevons à une certaine hauteur pour en observer l'ensemble et en pénétrer les lois? Hélas! tous nos efforts se bornent à des présomptions, des conjectures, des suppositions plus ou moins vraisemblables, mais toujours très-partielles et très-bornées. Que de tentatives faites jusqu'à présent par l'esprit humain pour déchirer le voile qui nous couvre le secret de l'animation, et pour enchaîner à ses pieds le fugitif Protée de la science de la vie! que d'investigations pour déchiffrer les inscriptions sibylliques qui recouvrent ces immenses couches de tombeaux et de débris funèbres entassés les uns sur les autres, et dont se compose le corps décrépit de la vieillissante nature! que d'essais pour trouver la solution de l'énigme de la mort, énigme qui a résisté jusqu'à présent à toute la sagacité humaine, et dont on n'a pu rompre le sceau.

Il y a dans la nature, on ne peut le dissimuler, certains signes, certains avertissements qui nous indiquent, quoique de loin, la dernière crise par laquelle, même dans l'ordre physique, la vie triomphera complètement de la mort, et se dégagera pour jamais de sa corruptrice influence : mais ces signes et ces avertissements, malgré la gravité de leur objet et malgré leur haut intérêt scientifique, restent illisibles pour nous, tant qu'ils ne sont point rapprochés de la lumière de l'exégèse d'un ordre supérieur. S'il est vrai que le monde sensible ne soit en général que l'écho, le retentissement matérialisé de la révélation, que pouvons-nous mieux faire que de les rapprocher l'un de l'autre, et de confronter l'hymne magnifique du premier avec les promesses que le saint prophète a consignées dans la seconde. Consultons même le témoignage de cette antique prophétesse de la nature sur le moment de la consommation des temps, moment décisif que la créature sensible célèbrera aussi comme le jour de sa résurrection, et après lequel elle soupire avec une indicible ardeur, qui n'est nulle part plus vivement dépeinte que dans l'Écriture sainte.

L'Écriture sainte, selon l'idée que l'on s'en forme nécessairement, ne peut contenir aucun système rationnel de science philosophique ou naturelle. Cette condition, si elle existait, suffirait pour lui ôter tout motif de confiance, soit comme révélation, soit même sous le rapport purement scientifique. Elle a été écrite pour les besoins de l'homme, dont elle emprunte le langage et les mœurs. Dans ses deux parties, c'est un recueil d'écrits de circonstance tout pratiques dans leurs objets. Elle a la vie pour principe et pour terme. C'est simplement la collection des statuts sociaux du peuple prophète d'une part, et de la communauté apostolique de l'autre; statuts accompagnés d'une foule d'enseignements historiques et légaux, où l'exhortation et des motifs de consolation tempèrent toujours la rigueur du précepte, déjà rendus faciles d'ailleurs par la contemplation de l'avenir, avec lequel ils nous mettent constamment en relation.

Ce qui distingue surtout les écrits sacrés, c'est cette foule de rapports individuels et de circonstances locales dont elle s'occupe avec toute la prévoyance et toute la sollicitude de l'amour le plus tendre. Les formes familières et négligées dont Dieu a daigné revêtir la révélation, bien loin d'avilir la pensée divine qui en fait l'objet, lui donne au contraire, dans leur sublime simplicité, le caractère de grandeur et de noblesse que réclame la souveraine majesté de l'esprit révélateur, et deviennent, par là, la preuve la plus irréfragable de son authenticité. Deux parties de la Bible seulement semblent ne point admettre l'application des remarques générales que nous venons de faire : c'est d'une part la Genèse, qui contient avec d'amples détails le récit de la création, et forme comme la pierre fondamentale de la révélation ; de l'autre, c'est l'Apocalypse, qui fournit des données circonstanciées sur la fin du monde, et qui peut être considérée comme la clef de voûte de l'édifice.

Ces deux livres, placés aux deux extrémités du corps des écrits sacrés, sont comme deux anneaux qui nous permettent de saisir et de soulever l'arche de la révélation. Le chandelier aux sept branches, debout à l'entrée et à l'issue du sanctuaire de la parole révélée, nous donnerait, si la lumière qu'il répand était accessible à nos grossiers regards, avec le mot des nombreuses énigmes renfermées dans la Genèse et l'Apocalypse, l'intelligence de tout ce qui est contenu dans le corps des livres saints. Du reste, même dans ces deux cas exceptionnels, l'esprit révélateur s'exprime avec la même noble simplicité et avec le même éloignement de toute espèce d'ornements du discours.

Ce caractère du style de Moïse n'a point échappé aux maîtres de l'antiquité classique, qui trouvèrent déjà, dans les premières pages de l'écrivain inspiré, l'exemple de la diction la plus simple et la plus élevée à la fois. Une multitude de rapports partant de ces deux points extrêmes se croisent dans le corps de l'Écriture sainte qu'ils pénètrent. Ils communiquent à ses doctrines, comme autant de veines secrètes, toutes les conditions de l'homogénéité, et lui donnent la physionomie de l'unité la moins équivoque. Aussi, malgré la variété des ouvrages dont elle se compose et malgré la multiplicité des écrivains qui ont concouru à sa rédaction, lui a-t-on donné le nom de *livre* par excellence.

N'allons donc point chercher de système scientifique dans la Bible. Tout ce que nous pouvons y trouver au profit des sciences se borne, en ce qui touche aux connaissances de la nature, à quelques expressions, à quelques indications plus ou moins fréquentes, qui nous laissent entrevoir les secrets qu'elles récèlent, et nous permettent, par quelques étroits passages, de pénétrer jusqu'à un certain point dans l'empire de la vérité. Il est à remarquer que, dans l'Ancien-Testament, qui du reste non-seulement nous offre des tableaux si vivants de la richesse, de la prospérité temporelle et de la magnificence de la nature, mais qui de temps en temps semble encore soulever le voile jeté sur les mystères de la vie; il est à remarquer, dis-je, que les paroles de l'écrivain portent toutes le cachet d'une circonspection préméditée. On dirait que les mots, en découlant de sa plume, sont pesés et comptés; il conduit le lecteur droit au but, sans donner à sa curiosité la possibilité de dévier ou d'outrepasser le terme qu'il veut lui faire atteindre. C'est que, vu le contact des peuples païens au milieu desquels les Juifs vivaient, la moindre parole indiscrète eût pu favoriser la déification de la nature, erreur vers laquelle ils avaient une propension si enracinée.

Dans le Nouveau-Testament, l'Esprit saint s'exprime, en ce qui concerne la nature, avec beaucoup moins de réserve, si l'on peut parler ainsi: sa parole est plus libre et plus franche. En somme, le rapport de la révélation aux sciences de la nature ne se produit point dans l'Écriture sainte sous la forme d'une idée entièrement détachée; le fil n'en est pas toujours appréciable ; il faut l'étudier et le suivre dans ses détours. Il est dit du prince des apôtres que l'ombre seule de sa personne guérissait les malades placés sur son passage; disons de même que le char de feu de la révélation, passant sur le domaine de la science, laisse échapper de distance en distance de précieux traits de lumière, et que le simple reflet de l'éclat étincelant de la parole de Dieu suffit pour communiquer à l'étude de la nature un nouveau jour. Ce n'est qu'en se consolidant sur la base inébranlable de la révélation, qu'il est accordé à nos recherches sur la création sensible d'arriver à d'heureux résultats, et de donner à cette branche des connaissances humaines l'ensemble d'un tout harmonique dans ses parties.

Il a déjà été remarqué plusieurs fois que l'erreur des philosophes rationalistes consiste surtout à déterminer *à priori* et d'une manière absolue les limites de leurs systèmes factices, et de développer la science dans des proportions données.

Ils jettent la philosophie dans un cercle circonscrit par les bornes étroites de leur impuissante conception, et en classent les diverses parties dans un ordre purement arbitraire. Leur but est bien de former un corps de sciences, mais ils se soucient peu de la cohérence qui doit en lier les membres. Au reste, leurs systèmes, malgré le caractère d'invariabilité qu'ils se plaisent à leur attribuer, restent toujours soumis à tous les caprices de leur raison ; car l'immuable n'a point son principe dans l'homme. Il en est tout autrement d'un système philosophique basé sur la vérité ; celui-ci suit la science dans son progrès, bien loin d'en empêcher le libre développement par une indiscrète circonscription, laquelle finit toujours par en paralyser le principe vital, et ne lui laisser que l'aspect d'un cadavre privé de mouvement.

En effet, si l'esprit et l'âme, malgré leur faillibilité à plusieurs égards, sont capables de la notion divine ; si, d'un autre côté, cette même notion ne leur est communiquée que par Dieu lui-même, c'est-à-dire, en d'autre termes, si c'est Dieu lui-même qui conduit l'homme dans la voie de la science, qui pourra déterminer la somme des vérités dont il lui révélera la connaissance? Qui osera assigner d'avance le degré de lumière dont il voudra bien gratifier son intelligence? Sa science peut prendre un degré d'extension qui dépasse toutes nos prévisions; car, après tout, l'homme illuminé d'en haut peut tout savoir dès que Dieu le permet, comme aussi, sans le secours divin, la raison abandonnée à elle-même ne peut faire aucun pas sur le terrain de la vérité.

Si la science de l'homme est limitée, ce n'est pas dans son expansion, laquelle ne connaît point de bornes absolues; mais c'est parce qu'en prenant son origine dans diverses sources, telles que la tradition, l'expérience, le témoignage des sens tant intérieurs qu'extérieurs, elle ne consiste d'abord qu'en aperçus détachés, qui ne se coordonnent et ne s'harmonisent en un tout homogène qu'après avoir triomphé de longues et de nombreuses difficultés; c'est parce qu'elle ne progresse que péniblement; c'est parce que, marchant sur un terrain glissant de tous côtés, elle court risque à chaque pas de s'abîmer dans l'erreur; c'est enfin parce que, quoi qu'elle fasse, elle n'est presque jamais entièrement pure de mensonge, et que, considérée dans son ensemble, elle présente toujours de nombreuses lacunes qui la condamnent à demeurer incomplète. Voilà à quel titre l'Écriture sainte la caractérise d'imparfaite, et la compare à un composé de lambeaux.

Toute science réelle, au reste, fondée sur l'expérience des sens, est soumise à la même condition d'imperfection. Très-rarement les premières impressions, les premiers aperçus sont purs et exempts d'erreur. Ce n'est que par des observations, des comparaisons, des essais, des expériences et des rectifications soutenues et répétées pendant des siècles entiers, pour ne pas dire pendant des miliers de siècles, qu'on peut se flatter d'arriver à des résultats vrais et solides. La science fausse, le rationalisme, au contraire, naît tout formé. Il sort du cerveau de l'auteur sous les apparences d'un tout compacte dans ses parties : mais à peine sa frêle existence a-t-elle été exposée aux rayons du soleil pendant un jour, qu'elle se dissout dans l'ombre de la nuit pour ne plus reparaître. Que dirai-je de la science de la nature ? Hélas ! comme toutes nos œuvres, elle porte le cachet de notre imbécillité intellectuelle. Il y a plus de trois mille ans que les Grecs se livrèrent aux premières recherches sur le monde sensible. Depuis eux, les mêmes investigations ont été continuées; et néanmoins où sont les progrès de la science, si nous la considérons dans ses résultats généraux et non dans les observations de détail? A peine a-t-elle fait trois pas vers la conquête de la vérité. Quel que soit le point de vue sous lequel nous envisagions les opérations de notre esprit dans le vaste champ de la science humaine en général, partout nous remarquons le vice de la faiblesse de notre condition. Notre intelligence, appesantie par des organes rétifs, se traîne plutôt qu'elle ne marche, pour glaner quelques vues détachées de la vérité qui, dans sa subtilité, lui échappe de toutes parts.

Il est dit que devant Dieu mille ans ne sont que comme un jour, et qu'un jour est comme mille ans : nous pourrions en dire autant à l'égard de l'esprit, considéré dans ses rapports avec la lenteur du progrès scientifique. C'est en vain que l'on demanderait plus d'activité et une plus grande garantie de succès aux organes de l'expérience intellectuelle, soit qu'ils appartiennent à l'ordre extérieur comme les sens corporels, soit qu'ils se rapportent à l'ordre intérieur, tels que la raison et l'entendement, l'imagination et la volonté. Tous, dès qu'ils sont à l'œuvre, trahissent au même degré leur imbécillité native, et procèdent avec la même impuissance.

Je viens de parler de l'imagination que j'ai signalée dans ma dernière leçon comme étant l'organe correspondant à la nature. Si je lui ai attribué la fonction d'expérimenter le monde physique, et de connaître de tous les faits qui s'y rapportent, ce n'est pas seulement parce qu'elle est par excellence la faculté de conjecturer, ou parce qu'elle semble avoir plus d'affinité avec l'ordre sensible que toutes les autres puissances de la conscience humaine; mais c'est encore à cause de son aptitude à concevoir, d'une manière vivante, les phénomènes extérieurs.

Tout vrai phénomène physique est doué d'un principe de vie et de propriétés vivantes qui en forme l'essence. Or cette essence, fluide et fugitive par elle-même, ne peut être conçue que par l'imagination. Voulez-vous concevoir le phénomène d'une manière abstraite par l'action immédiate de l'entendement, aussitôt la vie vous échappe et il ne vous reste plus qu'une formule morte. L'imagination, en s'assimilant en quelque sorte l'objet que les sens lui transmettent, peut seule lui conserver ses conditions de vie.

Toutefois il ne faut point confondre cette conception scientifique de l'imagination avec l'acte par lequel elle conçoit les objets de l'art. C'est encore à ce principe vivifiant de la même faculté qu'il faut attribuer la création de cette foule de dénominations heureuses appliquées aux grandes découvertes, dans les sciences naturelles. Dès qu'elle a saisi le phénomène dans toutes ses parties, elle en résume les propriétés sous une expression hardie, pleine d'image et souvent symbolique.

Il me souvient de vous avoir fait remarquer déjà que les sens corporels, si étroitement liés à l'imagination, sont susceptibles de propriétés toutes spéciales. Les uns, doués d'une partie spirituelle, tels que l'œil et l'oreille, jugent des formes du beau, et du sentiment exprimé par la musique : les trois autres, qui sont surtout les sens des sensations organiques, démêlent souvent, par un tact tout à fait subtil que j'envisagerais volontiers comme un organe à part dans l'ordre de la nature, démêlent, dis-je, dans une sphère qui semble ne rien avoir de commun avec le monde matériel, des rapports secrets de divers genres. Tels sont les sentiments de sympathie, et une foule de pressentiments de toute espèce. On trouve des traces de cette dernière propriété dans un grand nombre d'animaux, comme nous avons déjà découvert quelqu'analogie entre le tact musical de l'âme humaine et l'instinct de même espèce dont sont douées certaines classes privilégiées d'animaux, dans lesquels l'âme de la nature cherche à s'exprimer.

Quant aux pressentiments dont nous venons de parler, et qui s'éprouvent à toutes les époques et dans toutes les circonstances de la vie, on peut les ranger dans la même catégorie que les rêves significatifs. Ce sont autant de phénomènes qui, par leur nature, ne peuvent que difficilement être distingués de l'erreur.

Le caractère de variabilité que portent essentiellement l'observation et le rapport de l'homme, surtout quand ils ont pour objet des choses si dépourvues de fixité et de consistance, ne permettent souvent pas d'en constater la vérité. Que ces manifestations par le sentiment ne soient en général que des illusions, c'est une proposition qui ne saurait être soutenue, d'autant moins que les naturalistes les plus distingués de l'époque, exempts d'ailleurs des préjugés d'une éducation mystique, ont cessé depuis longtemps d'en nier l'existence.

Mais si le sentiment immédiat d'une vie invisible, si ces communications directes d'une lumière cachée sont une fois démontrées vraies, si elles affectent l'homme d'une manière distincte et spéciale ; en un mot, si elles constituent en lui un état tout à fait caractérisé, nous voilà aussitôt conduits à admettre l'existence d'un nouveau sens, d'un nouvel organe, dans l'ordre de la nature. Cet organe, pour être plus secret, n'est pas plus faillible que les autres ; seulement il peut, à raison de ses perceptions occultes, donner occasion à une foule de phénomènes merveilleux, dont le discernement réclame une sagacité particulière.

Il n'est pas aisé d'établir les règles de ce discernement, qui repousse tout moyen exclusif; car il serait aussi absurde d'assigner des bornes aux pressentiments, qu'il serait ridicule de prétendre limiter le développement de l'électricité dans l'atmosphère.

Il est conforme à l'ordre des choses que, dans nos recherches scientifiques sur la nature, nous commencions par l'étude de l'homme. Mais, pour ne pas nous perdre dans l'examen des phénomènes particuliers que présente son organisation, il est plus sûr de détacher préalablement de l'ensemble de son économie quelques idées générales, claires et lumineuses, qui puissent nous diriger dans les observations de détail. Remarquons donc d'abord que les trois éléments, savoir, l'esprit, l'âme et le corps, qui constituent l'être humain, trouvent de nouveau leur application dans le système organique de l'homme, comme ils l'ont déjà trouvée dans la sphère des sens extérieurs, dans celle des penchants et des passions, ainsi que dans les diverses sortes d'aliénation mentale.

La structure des membres, les os, les muscles, formant la partie la plus matérielle dans l'homme physique, peut être envisagée comme l'élément correspondant au corps. Le sang, les cinq ou six organes qui servent à sa préparation et à sa circulation, de même que les organes de la respiration, sont la partie analogue à l'âme. Le troisième élément, correspondant à l'esprit, et qui, pour cette raison, est infiniment plus noble que les deux autres, n'est appréciable que par l'action qu'il exerce sur le cerveau. Le plexus en général est soumis à son influence, dont les effets réagissent sur les sens supérieurs et en subtilisent la portée. Insaisissable par la spiritualité de sa substance, il diffère du fluide nerveux, et résiste à la perspicacité de l'anatomie.

Plusieurs auteurs, pour mieux en caractériser la propriété, l'ont appelé le principe éthéré du genre nerveux. L'Ecriture sainte distingue d'une manière formelle et tranchée cet élément spirituel du corps humain, d'avec l'âme organique qui réside dans le sang. Elle le nomme le germe, la semence de la résurrection, parce qu'au moment de la mort de l'homme, il se détache de son enveloppe terrestre, pour se rejoindre à elle lorsque le temps sera venu, et la transformer par la lumière dont il la pénétrera. La mort elle-même n'est autre chose que la scission douloureuse de ce merveilleux élément et du corps matériel qui, la séparation à peine consommée, revêt aussitôt les traits hideux de la corruption. C'est encore cette même substance secrète qui sert d'organe, d'agent à tous les phénomènes spirituels qui touchent au merveilleux, et qui se manifestent dans l'organisation humaine.

En effet, si la séparation complète de ce principe d'avec le corps matériel est suivie du phénomène de la mort, il est aisé de concevoir que toutes les fois que par son action il cherche à se faire jour, à percer l'enveloppe des sens et à s'échapper de sa prison, il doit se signaler par une manifestation insolite et d'un ordre particulier. Ce fait, une fois constaté, nous met, comme on le remarque facilement, sur la voie d'une foule d'aperçus scientifiques, dans l'ordre de la nature. Mais il y trop de disproportion entre ces phénomènes prodigieux et les événements ordinaires d'une vie restreinte dans le cercle des lois ordinaires de notre nature, pour qu'il soit possible de trouver dans ceux-ci des règles de jugement assez certaines pour nous guider dans le discernement des autres. C'est dans une région supérieure qu'il faudrait aller chercher des termes de comparaison.

Nous allons donc, convaincus que nous sommes de la supériorité de ce mode de procéder, suivre, dans nos études sur la nature, la marche lente, mais sûre, que la science a elle-même suivie dans son pénible développement, et à laquelle les recherches des Grecs donnèrent l'impulsion, il y a plus de trois mille ans.

Au fond, les sciences naturelles eurent aussi pour base, chez les anciens, la connaissance physique de l'homme, c'est-à-dire qu'elle commença par l'étude des maladies et par celle des moyens curatifs. Si les physiciens de nos jours sont fort peu disposés à donner pour fondement à leurs travaux les idées des Grecs, idées qui consistaient à considérer l'eau, l'air et le feu comme les élements de toutes choses; s'ils rejettent encore au nombre des fictions poétiques toutes ces cosmogonies hardies, mais simples et claires dans leurs principes, les maîtres de la médecine au moins reconnaissent, avec un profond sentiment de respect et de gratitude, même dans le temps où nous vivons, qu'Hippocrate est l'auteur de l'art de guérir. Je dis de l'art de guérir, parce qu'Hippocrate lui-même et les maîtres qui l'ont suivi, ont considéré la médecine comme un art plutôt que comme une science.

En effet, le talent essentiel dans le médecin, c'est le tact d'un jugement exercé et juste dans ses décisions : c'est le coup d'œil profond qui pénètre jusqu'aux sources de la vie, et scrute les principes de mort les plus cachés. La connaissance purement historique des différentes formes sous lesquelles se représente le germe morbifique dans l'homme, l'étude des remèdes, de la botanique, de l'anatomie, ne doivent être envisagées que comme une collection de matériaux à l'usage de la médecine, et non comme la médecine même. Le tact dont je parlais tout à l'heure est toujours le point le plus important; et il est à remarquer que les grands hommes, qui l'ont possédé à un haut degré, ont toujours été les moins disposés à y reconnaître le caractère de la science proprement dite. Cependant, comme la médecine est la seule connaissance de la nature qui puisse mériter le nom de science, si une fois on était parvenu à sonder la raison de la vie, et à trouver le mot de l'énigme de la mort; comme, d'un autre côté, le coup d'œil du vrai médecin est de tous les moyens d'examen le plus sûr, et celui qui pénètre le plus avant dans les secrets de l'animation et dans les mystères du principe de la désorganisation, nous devons reconnaître qu'elle forme, à proprement parler, le noyau des sciences naturelles, telles que nous devons les concevoir, et telles qu'elles se développeront un jour : noyau qui est demeuré, pendant quinze à vingt siècles, à l'état d'embryon dans le sein de l'art de guérir. L'histoire naturelle, les observations astronomiques et géographiques de ces longues époques qui ont servi de préparation à la science, forment, il faut l'avouer, un riche trésor de connaissances très précieuses en elles-mêmes ; mais elles ne renferment pas la clef de la science de la vie, dont les mystérieuses sources n'ont encore été entrevues, jusqu'à présent, que par le regard pénétrant du médecin.

Ce que nous venons de dire des conditions et de la possibilité de la science de la nature humaine, doit s'appliquer à la science de la nature en général. Car, si le monde est doué d'un principe de vie, et que cette vie ait avec celle de l'homme ainsi qu'avec son âme, ne fût-ce qu'à un degré très-éloigné, des rapports d'affinité, dès lors la possibilité de la science du monde physique est démontrée. En effet, le flambeau de la science, une fois allumé dans la sphère de la nature humaine, répandra sa lumière dans la sphère plus vaste de la nature en général, et dissipera les ténèbres qui jusqu'ici nous en cachent les lois et les conditions d'existence.

Cette dernière science sans doute, pour bien des raisons, n'atteindra jamais son complément:

elle laissera toujours de nombreuses lacunes à remplir. Si la nature n'était qu'une masse inerte, comme plusieurs semblent l'imaginer, on ne pourrait jamais comprendre comment, vu son hétérogénéité, elle pourrait pénétrer en nous et s'assimiler en notre substance; et, en dernière analyse, nous serions amenés à douter, avec les idéalistes, si elle est autre chose qu'un produit de notre moi, ou le fantôme de la réflexion de notre être, n'ayant d'existence que dans notre pensée.

On a souvent parlé en philosophie des idées innées : mais les fonctions les plus importantes, comme les actes les plus variés de l'intelligence, comme aussi l'idée, la conscience de ces mêmes fonctions, de ces mêmes actes, ne sont au fond que des divisions, des modifications naturelles de l'action générale de la pensée; et il n'est nullement besoin, pour se rendre raison de certains phénomèmes intellectuels, d'admettre, dans la conscience humaine, comme un dépôt préexistant d'idées universelles. La notion de Dieu ne réclame pas davantage le secours d'aucune idée de ce genre. D'ailleurs ces idées innées, si elles existaient, nous conduiraient nécessairement à admettre l'hypothèse, difficile à concevoir, de la préexistence des esprits ou des âmes. Aucun être créé ne peut avoir l'idée de Dieu qu'autant que Dieu lui-même veuille bien la lui communiquer, et il la lui communique quand il le trouve bon, sans le concours d'aucun élément étranger.

Il est une idée toutefois, mais il n'en est qu'une, que j'admettrais volontiers, et non sans fondement, je crois, comme innée dans l'homme dégradé, tel que l'a fait le péché; c'est l'idée de la mort, qui, semblable à une racine corrompue de l'arbre de la conscience, propage sa délétère influence à travers toutes les opérations de la pensée. Agent meurtrier, et inhérent à l'essence même de l'intelligence, il étouffe le principe de vie de nos idées au moment même de leur conception, et devient pour l'homme une source presque nécessaire d'erreurs; car, en frappant de mort les actes de notre esprit, elle nous conduit naturellement à croire que tout ce qui nous entoure, et même le monde entier, est aussi étranger à la vie que les images que nous nous en formons. Cette lugubre illusion obsède l'homme tant que, par des efforts ardents et soutenus, il n'a point triomphé de la mort intellectuelle, à l'ombre de laquelle sa condition dégénérée a assis sa conscience.

Une autre idée non moins fausse sur la nature, consiste à se représenter le monde matériel comme un amas de sable dont les grains n'ont d'autres rapports d'affinité que l'agrégation fortuite par laquelle ils se trouvent réunis en cette masse monstrueuse qui nous apparaît sous le nom de monde. Ces mêmes grains ayant été comptés dès l'origine, toute la science de la nature se réduirait pour l'homme, à les compter après le Créateur. Mais qui ne voit que ce sable, dès que nous voulons le soumettre au calcul, s'échappe, à cause de son infinie division, à travers un système si peu compacte et si dépourvu de consistance, et que la supputation en est à jamais impossible.

Les calculs, les procédés mathématiques

sont, relativement aux sciences naturelles, ce que les déclinaisons, les conjugaisons et en général toutes les notions grammaticales, sont par rapport à l'étude d'une langue. Celles-ci forment des connaissances préliminaires et précieuses, propres à hâter la connaissance d'une langue, surtout d'une langue morte : de même aussi les mathématiques nous fournissent un auxiliaire indispensable pour l'étude de la nature ; mais, par elles-mêmes, elles ne nous apprennent pas un seul mot, bien loin de nous faire comprendre le sens d'une seule phrase de la langue hiéroglyphique de la nature, langue si difficile et d'un son si étranger à nos organes.

Il en serait autrement si l'on étudiait la géométrie dans le livre vivant de la création ; si l'on cherchait, par exemple, à connaître quelle place occupe en elle la sphère, à partir de la plus petite boule jusqu'à la sphère décrite par la révolution des astres ; car le triangle, le carré, l'hexagone, sont contenus dans les divers degrés du développement de celle-ci, ou bien encore si l'on cherchait les principes du calcul dans les nombres de la vie, c'est-à-dire dans ces nombres que le médecin observe dans les différents périodes de l'âge, dans les progrès de la maladie comme dans ceux de la guérison, et d'après lesquels il prédit les moments et les jours critiques. Il existe encore une chronologie toute spirituelle, que je nommerais volontiers divine, parce que, basée sur des faits purement moraux, Dieu semble en avoir réglé lui-même les proportions. C'est d'après elle que se mesure le développement intellectuel et moral du genre humain. C'est elle qui fait le fondement de l'histoire universelle, et sert à déterminer les crises de la raison sociale des peuples, dont Dieu, médecin et maître, modèle et corrige le progrès.

Cette chronologie offrirait dans ses mystérieuses périodes des bases vivantes, qui feraient prendre à la science des nombres tout l'intérêt d'une science positive. Ce ne peut être que dans la connaissance de cette arithmétique de la nature, que les pythagoriciens ont puisé la maxime, qui nous apprend que les nombres contiennent l'essence des choses. Il est facile de reconnaître que les mathématiques ; ainsi conçues dans leurs rapports les plus intimes avec les lois de la vie et du mouvement, dont, après tout, elles ne sont que l'expression, perdraient, par cela même, le caractère abstrait qui les condamne à ne former qu'un système de formules stériles.

Mais si nous nous représentons la nature comme vivante, comment douter encore qu'il n'y ait entre la terre et l'homme, surtout dans leurs rapports immédiats, des relations d'une étroite alliance ? N'est-ce pas du limon de la terre que l'homme a été formé ; et, à ce titre, n'en est-il pas le fils et même le fils premier né ? N'est-ce pas d'elle qu'il se nourrit ? Ne lui rend-il pas enfin son enveloppe terrestre, lorsqu'une voix supérieure l'appelle dans d'autres régions ?

Les observations chimiques nous démontrent, en outre, le degré sensible d'homogénéité existant entre le sang humain et la substance des fruits de la terre les plus purs. L'analyse prouve également que ce même sang admet un mélange essentiel de substance ferrugineuse. Nous savons encore que l'or et les autres métaux jouissent d'une propriété efficace en médecine, ou qu'ils sont un poison mortel, et que les plantes qui sont à l'usage de l'homme, renferment ces deux substances avec une abondance difficile à s'imaginer. C'est aussi des rochers et des veines de la terre que découlent les sources d'eaux vivifiantes qui satisfont à nos besoins organiques.

Si nous portons nos regards au-dessus de nos têtes, n'est ce pas la chaleur du soleil, pour ne parler que des astres qui ont le plus d'affinité avec notre globe, n'est-ce pas la chaleur du soleil qui développe l'action dans le foyer de la vie en général, et tire la terre de son assoupissement, en même temps qu'elle enveloppe l'homme placé sous un ciel doux de ses bénignes influences, et devient pour lui un bain bienfaisant qui récrée tous ses esprits, bain dont la salubrité est infiniment supérieure aux effets de toute autre espèce de chaleur? N'est-ce pas la lune, compagne nocturne de la terre, et qui semble être attachée à ses destinées, qui est la cause déterminante des changements de température, changements toujours si importants à l'agriculture? N'est-ce pas à sa vertu cachée qu'il faut attribuer le mouvement majestueux du flux et du reflux de la mer, ainsi qu'une action marquée sur une foule de périodes dans les époques de la vie? Enfin c'est elle qui, par le poids d'une influence accablante, affecte d'une manière si chagrine la nature humaine, et occasionne cette maladie trop connue pour qu'on doive la nommer ici.

Or, si le chant des oiseaux, par les restes de mélodie dont il porte tant de traces, trouve un écho dans notre sentiment dont il détermine la sympathie, pourquoi ne dirions-nous pas que toutes les propriétés de la nature que nous venons d'énumérer, revèlent l'existence de rapports intimes et essentiels entre elle et l'âme organique dont le siége est dans le sang?

Mais si l'influence des éléments sur la nature humaine est si manifeste, ne serait-on pas en droit de supposer une réaction de la part de celle-ci ? La respiration, l'haleine de neuf cent millions d'hommes ne serait-elle pas un élément de corruption qui se propage dans l'atmosphère ? N'y aurait-il pas quelque raison d'admettre que l'air s'est vicié dans une progression proportionnelle à la dégénération de l'espèce humaine ? Ce qui semblerait le prouver, c'est l'existence de certaines maladies dont la communication s'opère sans l'intermédiaire du contact, par le milieu de l'air, et qui semblent choisir, pour se propager, certaines directions du globe.

On opposera sans doute à cette supposition des calculs mathématiques, et on ne concevra pas comment la respiration de tant de millions d'hommes que l'on voudra, puisse infecter tant de milles cubiques de l'espace atmosphérique.

Cette objection ne pourrait avoir de force qu'autant qu'on aurait calculé préalablement l'immense quantité d'air décomposé par l'acte de la respiration, dans le sein des individus, pendant le temps nécessaire à l'existence successive de plus de cent générations. Dans tous les cas, il est assez démontré que, durant les premiers âges du monde, l'air était doué de propriétés plus pures, plus substantielles et plus balsamiques. Je n'en citerai d'autre preuve que ce que l'histoire nous dit des peuples antédiluviens qui, sans l'usage alimentaire de la viande ni du vin dont leur nature n'éprouvait pas le besoin, surpassaient néanmoins non-seulement en longévité, mais encore en force corporelle, en énergie morale et en puissance intellectuelle, les enfants des temps postérieurs. Car ceux-ci, par l'abus qu'ils avaient fait de ces prérogatives prodigieuses de leur nature, provoquèrent sur leurs têtes la vengeance céleste, et par là tombèrent dans un état de dégénération, qui conserva à peine quelques proportions avec les conditions de l'existence primitive.

Enfin, si la terre ne renfermait point en

elle un principe de vie, comment aurait-elle pu, au commencement du sixième jour de la création, obéir à la voix de Dieu, lorsqu'il fut dit : « Que la terre produise les animaux vivants, chacun selon son espèce. » Au reste, il est de la dernière importance, pour bien comprendre la création, pour entrer dans la place du Créateur en un mot, de bien se rappeler l'immense distance qu'il y a entre la production des animaux et la création de l'homme. La première s'opéra au simple appel de la volonté de Dieu. Pour la seconde, au contraire, il fut dit : « Faisons l'homme à notre image et ressemblance. »

Après avoir passé près de deux mille ans à l'état d'embryon, les sciences naturelles prirent enfin quelque développement, et firent les quelques pas qui les portèrent au point de progrès où nous les trouvons de nos jours. Le terme de leur accroissement n'est pas atteint. Après avoir subi toutes les conditions d'une lente et pénible organisation dans le sein de la conscience humaine, il est dans l'ordre des choses qu'elles parcourent, avant de recevoir leur complément, toutes les périodes d'un immense développement.

L'événement mémorable qui en signala le premier pas fut la découverte de la boussole, découverte si précieuse dans ses conséquences scientifiques, et si féconde en résultats géographiques et astronomiques. Car, d'une part, les propriétés de l'aiguille aimantée sont une preuve fondamentale de l'élément vital de la terre, et font disparaître le calcul des grandeurs mathématiques : d'autre part, elle traça un passage vers le nouveau monde, étendit la connaissance du globe, et, ouvrant par là un champ plus vaste aux observations de la science, modifia notablement les idées qu'on s'était formées jusqu'alors sur notre monde planétaire.

L'antiquité, dans ses traditions sur l'île Atlantis, renfermait déjà quelques vestiges qui semblaient indiquer que le nouveau monde n'était point inconnu des premiers peuples. La description de cette île, que l'on supposait placée, selon ces anciens documents, dans l'océan de l'Ouest (Atlantique), et qui était elle seule aussi étendue que l'Asie et l'Afrique réunies, convient admirablement à l'Amérique. Il est à présumer que la fable, favorisée par l'absence de toute relation avec ce pays, s'est plus tard emparée de ces données géographiques, vraies au fond, et les a transportées au rang des choses merveilleuses, en accréditant l'opinion que cette île, existant dans la plus haute antiquité, avait été dans la suite des temps engloutie dans les eaux.

Je prétends donc que ces traditions ne sont point dues aux Phéniciens, comme on a voulu le supposer. Car, quoique ceux-ci aient fait le tour de l'Afrique, ils n'ont pu aller assez loin dans l'océan pour faire la découverte de l'Atlantis ; mais que plutôt elles remontent, comme un grand nombre d'autres choses aussi et peut-être plus importantes que les souvenirs qu'elles nous transmettent, à la plus haute antiquité, et jusqu'à ces temps où les hommes, incontestablement mieux instruits de tout ce qui concerne le monde sensible, avaient, sur la terre et sur les modes de son existence, des connaissances que devait ignorer la science des Grecs, encore si limitée lors de l'expédition aventureuse des Phéniciens.

L'astronomie moderne, extrêmement opposée dans son principe au sentiment universel du genre humain, lequel n'était que le résultat des impressions produites par l'aspect des anciennes formes du monde, a d'abord excité de vives et nombreuses réclamations. On n'a pas perdu beaucoup en abandonnant le système de Ptolémée, système déduit du calcul des monstrueuses distances mathématiques, et qui, dans ses conceptions absurdes et dédaigneuses pour la terre, semble n'envisager notre globe que comme un vain éclat de matière détachée de quelque planète supérieure, ou comme une vile éclaboussure tombée au centre de l'immensité des mondes.

Comment concilier les idées basses et abjectes qu'il se forme de la terre, avec les insignes faveurs et les nobles prérogatives dont Dieu, malgré son infinie grandeur, ne l'a point trouvée indigne. On ne peut se défendre d'un sentiment pénible au souvenir d'un système si invraisemblable, et si injurieux à la bonté divine qu'il semble outrager.

La science, mieux approfondie, a irrévocablement banni du domaine de la nature et de l'économie du monde, la mesure si exclusive des grandeurs mathématiques. Toutefois, et malgré le progrès manifeste de nos savants habiles, le pôle scientifique du globe terrestre ne coïncide point encore avec le pôle magnétique. Une distance assez sensible les sépare l'un de l'autre. Ne serait-on pas en droit de croire, sauf le respect dû à l'astronomie moderne, que l'ensemble du système actuellement en vogue ne concorde pas davantage avec l'économie réelle du monde?

La première vue de la nature est rarement exempte d'erreurs dans les rapports qu'elle perçoit; et très-souvent, tout en saisissant les principaux traits de la vérité, elle donne accès à une foule d'aperçus faux, et parfois gravement dénaturés, dans les observations de détail, dont l'objet est moins caractérisé et moins appréciable. Néanmoins c'est cette première impression fraîche et vive qui se transforme aussitôt en sentiment universel, jette de profondes racines dans la conscience du genre humain, et s'identifie aux coutumes et aux mœurs des peuples. C'est ainsi que s'est formée l'opinion si tenace, si opiniâtre des anciens sur le système du monde. Calquée sur les formes apparentes que présentait alors le règne de la nature, elle s'imprima profondément dans leurs esprits, s'y naturalisa, si je puis parler ainsi, et passa en héritage aux générations postérieures. Faut-il s'étonner après cela, que longtemps après, lorsqu'on vint à parler de découvertes astronomiques opposées dans leur résultat aux croyances communes, les habitudes intellectuelles du genre humain se sentissent froissées dans ce qu'elles avaient de plus intime, et que le sentiment universel en fût piqué au vif.

Cependant après de longues répugnances

d'une part, et de persévérants efforts de l'autre, pour donner plus d'extension aux recherches et parvenir à des résultats mieux constatés, plus généraux et plus lumineux, la science finit par se rapprocher des idées populaires. En effet, parmi toutes les notions sidérales coutumières des anciens temps, il semble que la connaissance des sept planètes ait été l'objet d'un culte tout particulier de la science. C'est sans doute à raison de son rapport avec le nombre septénaire, nombre qui comprend les trois dimensions du temps et les quatre points cardinaux de l'espace, et qui, vu les nombreuses applications qu'il trouve dans la vie, dans la pensée et dans l'histoire, a toujours été regardé comme mystérieux dans le sens qu'il recèle.

Or, depuis qu'à la place du soleil et de la lune auxquels on a assigné des catégories particulières, les modernes ont fait rentrer la terre au nombre des planètes, le nombre sept, à l'aide d'Uranus récemment découvert, se trouve reproduit dans le système planétaire. Il n'est pas à présumer que l'apparition d'un nouvel astre derrière Uranus puisse venir jamais le troubler. Quant aux globes placés entre Mars et Jupiter, leur volume infiniment moindre que celui des autres ne permet pas de les ranger parmi les planètes proprement dites : aussi les astronomes les désignent-ils par une dénomination particulière.

Au milieu du conflit engagé entre les opinions populaires et les découvertes des temps modernes, il est à regretter que, dans ses points de contact avec l'Écriture sainte, l'astronomie soit devenue une pierre d'achoppement pour la foi des fidèles, qui, se bornant à l'interprétation littérale de certaines expressions de l'Ancien-Testament, semblaient ignorer que le caractère le plus apparent des livres saints est de parler en toute circonstances le langage du peuple, et de rester éloigné de toute expression scientifique en général. Si le mouvement du sang, dans le corps animé, n'est point assujetti à la régularité mécanique d'une circulation invariable, si sa marche, parfois accélérée et parfois momentanément suspendue, trompe le calcul des mathématiciens, il en est de même des astres dans leur révolution. Comme tout ce qui a vie, ils ne reconnaissent point dans leur mouvement, modifié à plusieurs égards, l'inflexible rigueur des lois mortes de la mécanique.

Mais l'irrégularité du mouvement une fois admise pour les corps planétaires, répugnerait-il à la raison de reconnaître comme possible une suspension totale, mais passagère, analogue à l'extinction du pouls organique. Hâtons-nous de dire qu'un phénomène aussi insolite ne pourrait jamais avoir pour cause qu'une volonté supérieure. Supposons donc qu'il entre dans les desseins de Dieu d'arrêter pour quelques instants la course du temps, y aurait-il quelque différence entre dire : Que le soleil s'arrête, et dire : Que la terre s'arrête ? Il en est de même de plusieurs expressions désignant la transition du jour à la nuit et réciproquement, ainsi que le changement des saisons.

L'aurore, le lever du soleil sont pour tous

les hommes des expressions figurées, ou plutôt elles représentent des faits d'un sens profond. Le coucher du soleil réveille en nous le sentiment pénible de la séparation. En nous exprimant d'une manière plus conforme à la science, nous retrouverons dans nos paroles la même vérité et plus de sérieux, même dans le sens figuré; par exemple : Il faut que la terre se couche pour que le soleil se lève, ou bien : Quand la terre se sera élevée, la nuit régnera, et les ténèbres se répandront sur le monde. Est-il question du retour du printemps, l'on peut dire, si l'on veut : Le soleil s'est rapproché de nous, ou bien : La terre, du moins la partie que nous habitons, s'est rapprochée du soleil. Ces deux façons de parler sont aussi belles et aussi significatives l'une que l'autre.

Les pythagoriciens, chose remarquable et presque étonnante, ont connu le système planétaire des modernes, bien qu'ils dussent ignorer la supputation exacte des distances. On ne peut qu'être frappé en considérant qu'ayant, sur tout le reste, les mêmes connaissances que nous possédons, ils aient fait entrer dans leur science astronomique deux astres qui nous manquent. L'un, sous le nom de Soleil des esprits, avait sa place au-dessus de notre soleil visible; l'autre, appelé Anti-terre, était en rapport immédiat avec notre globe. On a lieu de croire qu'ils les envisageaient comme deux centres invisible de tout le monde des étoiles, ou comme les deux coryphées de toute l'armée des corps célestes, en apparence si irrégulièrement disséminés dans l'espace.

Que ces deux globes singuliers se soient éteints, ou que leur lumière trop subtile et trop éthérée ne puisse nous être transmise à travers la densité de l'atmosphère, ou enfin qu'ils ne soient, comme beaucoup d'autres choses, qu'un reste des traditions primordiales; ce sont autant d'hypothèses que l'on peut faire, mais qui, au fond, ne présentent aucune utilité réelle. Toujours est-il que le fait que nous venons de citer est hors de doute; et des recherches récentes, faites dans les doctrines des pythagoriciens, démontrent que l'existence de ces deux corps était établie comme réelle et constante. Dans tous les cas, pour en faire la découverte, il leur fallut un autre moyen que celui du télescope qui leur manquait. Peut-être que des observations ultérieures, ou de nouvelles apparitions dans les régions célestes, nous mettront enfin sur les traces de ces deux globes fugitifs, et feront faire ainsi un pas de plus à la science astronomique, dont on regrettera d'avoir trop tôt terminé les calculs si ingénieusement compliqués.

C'est donc par une conception plus vaste du système du monde, et par une exploration plus complète du globe terrestre, que l'esprit humain a signalé son premier pas dans le progrès des sciences naturelles. Le deuxième qu'il y fit coïncide avec les grandes découvertes de la chimie des temps modernes, découvertes qui ont été portées si loin, surtout par les Français. Le côté purement négatif de la chimie est d'avoir constaté que les éléments, tels que l'eau, l'air, le feu, regardés comme simples par les anciens, sont eux-mêmes composés de plusieurs gaz. J'ai dit le côté négatif; car, la composition dans des éléments si prodigieux par leurs propriétés et leur puissance est trop facile à supposer, pour qu'un coup d'œil profond jeté sur la nature n'ait pu, même avant les découvertes modernes, entrevoir dans l'eau, l'air et le feu . la complication de principes variés, luttant les uns contre les autres. Les corps simples, formant, selon des lois données, tous les êtres matériels soumis jusqu'ici à l'analyse (et l'on sait que peu ont échappé à son œil scrutateur), forment ce que l'on pourrait appeler les caractères du livre de la nature, et on peut les envisager comme les consonnes, tandis que les phénomènes fondamentaux du magnétisme, de l'électricité, de la décomposition de la lumière, etc., phénomènes par lesquels la vie, l'âme de la terre et de l'atmosphère s'expriment avec tant de clarté et d'énergie, sont, si l'on veut, les voyelles de ce grandiose alphabet, voyelles qui tirent leur son des entrailles mêmes de la nature.

Quoique les caractères de ce magnifique langage ne nous soient pas encore tous connus, il nous est déjà donné, à l'aide de ceux que nous possédons, d'en épeler l'un ou l'autre mot. Il est singulièrement important, pour l'intelligence de la nature, de ne point perdre de vue comment on parvient, par des procédés chimiques, à décomposer et dissoudre en substances gazeuses la plupart des corps solides de même que l'eau, et comment, les arrachant à leur état d'inertie, on fait disparaître les formes de pétrification et de massivité, sous lesquelles ils nous apparaissaient.

Il faut donc qu'il y ait dans toutes ces masses mortes des éléments de vie cachés. La quantité d'eau combinée avec l'air est si grande, que, si la décomposition s'en opérait, nous verrions aussitôt un nouveau déluge. Il y aurait également comme une inondation de lumière, si toute celle qui se trouve à l'état latent se développait soudain ; comme aussi le monde entier entrerait en combustion, si tout le calorique paralysé dans le sein de la matière faisait une éruption subite. Je ne m'occuperai point ici du lien secret et providentiel qui maintient l'équilibre entre ces diverses puissances de la nature, et les tient enfermées dans leurs limites respectives.

Les physiciens ont leur opinion à cet égard ; ont-ils raison ? Ou plutôt, pour l'expliquer, ne faudrait-il pas s'élever à un ordre de choses supérieures à ce qui se traite en physique ? C'est ce que je passe sous silence.

Une conclusion beaucoup plus importante pour la science, et qui se déduit d'elle-même de ce qui précède, c'est que tout dans la nature révèle un principe de vie, et rien n'est inerte par soi-même. Le corps de la terre, semblable, dans son état de défaillance actuelle, à une immense montagne de momies pétrifiées, ou à une prodigieuse pyramide formée de tombeaux entassés les uns sur les autres, est sans doute un lugubre monument élevé par tous les âges du monde, et témoignant du mouvement progressif de la mort qui tend à tout envahir ; mais, sous les pierres de ces vastes et profondes couches de sépulcres, sommeille une âme à laquelle notre nature n'est point tout à fait étrangère ; de nombreuses traces trahissent encore les rapports d'une alliance mal dissoute. Non, la nature n'est point morte ; elle n'est qu'endormie sous un voile funèbre, et peut-être se réveillera-t-elle un jour.

Il est à remarquer que l'état de sommeil dans lequel le monde physique languit, forme sinon l'essence, du moins un caractère essentiel de tout ce qui subsiste dans la sphère de l'existence matérielle. Non-seulement les animaux, mais encore les plantes, la terre même qui, selon le passage des saisons, offre l'alternative du repos et de l'action : tout en un mot est soumis à la loi du sommeil ; comme on peut dire aussi que tout ce qui paie tribut au sommeil, appartient au domaine de la nature. Quelquefois les peintres nous représentent les anges et les génies dans l'état de sommeil ; mais cet état n'a de réalité que sur la toile : car les esprits ne sont aucunement assujettis au besoin du repos.

Pour concevoir la chose par des faits, rapprochons ce que Moïse, dans la Genèse, et les Indiens, dans leur doctrine sur la création, nous disent, chacun dans leur sens, du repos du Créateur. D'une part, nous lisons : « Dieu se reposa le septième jour. » Il n'y a rien de frappant dans cette expression, la prît-on même sans figure ; car le changement d'état dont elle implique l'idée n'affecte point l'essence de Dieu, mais seulement son action extérieure. Partout, dans l'histoire comme dans la nature, lorsqu'il est question d'une intervention spéciale de la Divinité, les œuvres de celle-ci prennent le caractère des actes de la nature humaine, et dès lors il y a nécessairement transition de l'action au repos. Après avoir donné son impulsion, on dirait que la main de Dieu se retire pour laisser à son acte le temps d'arriver à son plein épanouissement, et à la créature celui de le recueillir, de concourir à son extension, et d'en faire son profit personnel.

Les doctrines indiennes disent de leur côté : « Brahm dort, et pendant qu'il dort, tous les mondes, toutes les créations retombent dans le néant. » Ce seul mot, on le sent évidemment, nous transporte du terrain de la vérité et de la révélation divine dans le domaine de la mythologie. Il est vrai qu'en parlant du Sauveur des hommes infiniment élevé au-dessus de tous les esprits créés, l'Écriture sainte dit expressément qu'il dormit durant la tempête, porté sur une chétive barque au milieu des siens, que la fureur des éléments avait saisis d'effroi, et que lorsqu'il s'éveilla la tempête se calma : mais des circonstances essentielles font ranger ce fait dans une catégorie toute spéciale : et dès lors il n'établit rien contre ce que j'ai avancé plus haut.

Outre les instructions profondes et mystérieuses que cachent les paroles de l'Évangile, ne serait-on pas en droit d'admettre qu'elles ont encore pour but de démontrer à l'appui de plusieurs autres témoignages de ce genre, que le Sauveur du monde ne s'est point revêtu d'un corps purement fantastique, mais bien d'un corps réel, qu'il était homme selon toute la portée du mot, et, qu'à cette condition, il éprouvait comme tous les hommes le besoin du sommeil: en sorte que l'on pourrait dire que le sommeil est tellement essentiel à l'homme, que, lorsque Dieu descend dans les régions terrestres et revêt la nature humaine, il se confond avec la généralité des mortels dans le besoin commun du sommeil?

Si l'on veut se faire une idée du sens profond que suppose le sommeil, soit dans la nature, soit dans l'homme, il suffit de se rappeler les premiers instants qui suivirent la création. Moïse nous apprend que le premier événement de l'histoire de l'homme fut le sommeil mystérieux que Dieu lui envoya, lorsque, lui ouvrant le côté, il en tira l'élément de vie dont il forma l'aimable compagne qu'Adam trouva devant ses yeux à son réveil. La différence entre la création de l'homme et celle de la femme cache de profonds mystères.

L'homme fut formé du limon de la terre, et voilà pourquoi plus tard il fut nommé, dans l'Écriture sainte, le père de tout le monde terrestre, comme s'il eût été établi le représentant, le vicaire de celui de qui émane toute paternité ici-bas. La femme, au contraire, fut créée d'un élément pris dans la poitrine, ou dans le cœur de l'homme. Quel esprit humain eût jamais soupçonné ce secret profond de la puissance créatrice? Qui eût jamais osé en présumer la possibilité?

Le paradis terrestre fut le théâtre de toutes ces merveilles. En perdant ce lieu de délices, le premier homme perdit encore les puissantes propriétés vitales de son organisation, ainsi que la clef de la plus grande partie des mystères de la nature, dont il possédait la connaissance; son corps, dès lors sujet à la mort, dégénéra de sa glorieuse origine. Il fit une chute profonde, qui rendit sa condition voisine de celle de la bête. Si le gardien à l'épée flamboyante fut placé à l'entrée du paradis, ce fut pour réprimer, de la part de l'homme, toute tentative téméraire ayant pour but de ressaisir ses premières prérogatives, qui, vu sa dégradation, ne pouvaient plus servir qu'à un abus criminel, et à une perversion plus profonde.

Par suite de la catastrophe à jamais déplorable de la chute d'Adam, les rapports de Dieu avec l'homme furent complétement changés. Un lugubre divorce troubla également les relations d'alliance qui liaient si intimement celui-ci à la nature.

Cependant, lorsque Dieu eut résolu la rédemption du genre humain, et qu'il eut jeté les fondements de son salut, le glaive spirituel et à deux tranchants de la parole divine fut non-seulement promis à l'homme, mais il lui fut offert de nouveau, à la condition qu'il s'enrôlât franchement sous la bannière du Sauveur. Il put, dès ce moment, éclairer derechef son intelligence aux rayons de l'éternelle vérité, choisir le souverain bien pour l'unique objet de sa volonté, et alimenter sa fragile pensée dans l'abîme même de la parole divine.

Ces courtes considérations nous font voir combien il serait téméraire d'abandonner la clef sacrée des mystères de la nature, laquelle nous a été rendue par la révélation, aux mains impures d'une curiosité criminelle. Elle ne doit être touchée qu'avec un pieux respect : et voilà pourquoi le dépôt ne doit en être confié qu'à la garde d'une science éclairée et droite d'intention.

Me voici naturellement amené à faire connaître le troisième pas que l'esprit humain, toujours conduit dans sa marche par la main de Dieu, vient de faire sur le terrain des sciences naturelles. Il consiste dans une recherche plus approfondie de l'élément psychique de la nature. Sans doute l'objet de ces investigations est aussi ancien que le monde lui-même. Toutes les pages de la tradition et de l'histoire sont pleines de phénomènes qui supposent des éléments de vie dans toute la sphère de la création : mais peu de tentatives avaient été faites jusqu'ici pour en pénétrer le secret.

Ce n'est que depuis un demi-siècle que les observations des savants à cet égard ayant pris un caractère plus méthodique, il a été donné à la science d'apercevoir quelques traces de la vérité dont elle poursuit la connaissance. Ces efforts dans cette nouvelle carrière ne datant que d'hier, il n'est pas étonnant que ses résultats n'aient encore acquis que peu de fixité dans le jugement du monde. Sa marche dans une voie aussi ténébreuse est exposée à une foule de déviations, et il n'en faut pas davantage pour exciter la défiance publique.

Pour frapper juste le but vers lequel elle vise, la philosophie ne peut lui indiquer d'arme plus sûre que le glaive tranchant de la parole divine, dont nous parlions plus haut, glaive qui pénètre jusqu'aux sources mêmes de la vie, sépare l'âme de l'esprit, et nous apprend à distinguer aussi les esprits entre eux.

Si, pour diriger la science vers les principes de la vie, il existe un fil conducteur d'un ordre supérieur au moyen que je viens de signaler, je laisse à d'autres plus instruits que moi, sur cette matière, le soin de le faire connaître.

La lutte des esprits est un fait trop constant pour qu'il soit permis de le rejeter plus longtemps ; et, pour ne parler ici que d'après l'autorité de l'Écriture sainte, notre vie, qu'est-elle autre chose, dans toute sa durée et surtout dans ses moments les plus importants, qu'une lutte incessante contre une puissance ennemie, et invisible? La même Écriture sainte suppose de plus, et indique même quelquefois par l'expression la plus claire, qu'il ne faut voir dans le monde sensible que le voile et l'enveloppe fragile et presque diaphane du monde des esprits.

Or, elle attribue au premier des esprits ennemis une puissance si considérable sur la création, qu'elle le nomme le prince et même le Dieu de ce monde, elle le fait le souverain des forces et des éléments de la nature. Que si l'on ne voulait voir sous ces paroles qu'un empire figuré, seulement applicable au monde moral, on se tromperait, vu que d'autres passages des livres saints parlent formellement des éléments de notre monde planétaire, de l'air, par exemple, triste mélange de lumière et de ténèbres, devenu la proie d'une lutte persévérante entre la vie et la mort.

Où trouver le mot de cette sombre énigme ailleurs que dans ce peu de paroles si frappantes de simplicité : « La mort est entrée dans le monde par le péché? » De même que, par le péché du premier homme, créé pour l'immortalité, la mort corporelle s'est propagée comme un déplorable héritage dans toute la race humaine, de même aussi c'est par la rébellion du prince des esprits que la mort éternelle a pénétré dans l'univers. Voilà pourquoi il est dit : « Les ténèbres recouvraient l'abîme, la terre était inerte et vide, » comme si elle n'eût été, dans ces premiers instants, que la tombe stérile de la mort éternelle ; mais « l'esprit de Dieu planait sur les eaux. » C'est ici que nous voyons le premier germe de vie destiné à animer la nouvelle création. C'est dans cette partie capitale du récit sacré que consiste la différence qu'il y a entre les philosophies païennes de la nature, et celle qui prend son point d'appui dans la révélation divine elle-même.

Si l'on envisage seulement comme un fait isolé de toute cause, et de toutes circonstances explicatrices, le conflit des forces de la nature, et la lutte interminable que la vie et la mort se livrent dans son sein, on est nécessairement réduit à ne voir en elle qu'un monstre horrible qui, dans son insatiable voracité, procrée sans fin pour dévorer sans cesse; qu'on se le représente du reste sous les traits poétiques de la mythologie, ou que l'on lui prête, si l'on aime mieux, la physionomie plus sévère des sciences physiques.

L'aspect de la création sensible perdrait ce caractère de cruauté, si on la considérait comme une immense pyramide dont la base recouvre l'abîme de l'éternelle mort, et qui, par son sommet, doit toucher jusqu'aux confins de la vie, éternelle aussi elle. Alors on conçoit qu'aussi longtemps que la pyramide n'a point atteint son complément, toute créature, dans la sphère de la matière, est bornée à un commencement de vie sujette à défaillance : de là les maladies, les infirmités et la mort corporelle enfin.

Observée sous ce point de vue, la nature n'est donc rien autre chose que l'échelle de la résurrection, laquelle, fixée par son pied sur le sombre gouffre des ténèbres, est destinée à élever la créature, par degrés jusqu'au sein de la lumière céleste. En prêtant au monde extérieur cette salutaire et consolante mission, on ne peut se le représenter sans voir la main de Dieu, édifiant elle-même cette pyramide, ou formant cette échelle pour arracher la vie à la mort, et la faire remonter vers les régions supérieures de sa divine origine. Voilà qui nous explique encore l'assoupissement de la nature dont nous parlions ailleurs, et sa propension irrésistible à retomber sans cesse dans l'état de sommeil, qui paraît si étroitement allié à la mort. Or, comme le feu dévorant de la mort semble avoir déjà perdu de son activité dans les régions supérieures de la vie organique, pour prendre un caractère plus doux, il s'ensuit qu'elle se rapproche de plus en plus de la nature du sommeil, que les anciens peuples lui donnaient pour frère, en le peignant sous les traits aimables du messager de l'immortelle espérance; en sorte que ce qui n'était pour eux qu'une belle image, devient pour nous une vérité profonde.

La vie n'est donc point le résultat mécanique du jeu des puissances de la nature. Faible dans son principe, sans cesse elle retombe sous les coups de la mort, sans cesse elle est portée au sommeil; ce n'est que par degrés qu'elle s'élève, ou plutôt qu'elle est élevée vers la lumière éternelle. Quant à cette âme, endormie sous les immenses et profondes couches des débris funèbres de la nature, elle se trouve partagée entre les douloureux souvenirs de la mort éternelle d'où elle prit son commencement, et quelques traits de lumière qui allument en elle le sentiment d'une céleste espérance.

La nature terrestre est, il est vrai, soumise au néant, mais ce n'est ni par sa volonté ni par sa faute; elle a donc lieu d'espérer de son auteur, qu'un jour elle deviendra libre, qu'elle prendra part à la résurrection universelle et à l'entière manifestation de la majesté divine; majesté qui la frappera d'étonnement ainsi que la mort. Tel est le jour heureux qu'elle désire avec tant d'ardeur, et après lequel elle soupire si profondément.

LEÇON V.

De l'âme de l'homme dans ses rapports avec Dieu.

MESSIEURS,

Si donc, pour revenir sur ce qui a été dit dans notre précédente leçon : si, au lieu de ne voir, dans le monde sensible, comme la philosophie païenne de la nature, que le résultat dynamique de forces, d'agents vivants et persévérants dans leur action, on consulte, pour s'en former une notion, son origine et sa fin, guidé en cela par les lumières d'une science qui prend Dieu pour principe et pour terme, dès lors la création extérieure ne nous apparaît plus que comme un pont immense jeté sur l'abîme de la mort et du néant ; et voilà pourquoi, infectée par le contact contagieux du sombre gouffre qu'elle recouvre, elle se manifeste avec tous les caractères d'un séjour de corruption, caractère qu'elle conservera longtemps encore et jusqu'à un terme que nous ne connaissons pas. Alors, transformés, par un acte tout-puissant de la bonté du Créateur, en un foyer de régénération, elle prendra le sublime aspect de l'échelle de la résurrection, s'élevant, degré par degré, jusqu'au plus haut point de la clarification terrestre; car la nature aussi, selon les promesses qui lui ont été faites, participera au bienfait de la glorification.

Une question se présente naturellement ici: elle consiste à savoir si la pénible ascension, si le lent perfectionnement de la nature n'est point applicable aussi à l'âme humaine. Nous allons y répondre aujourd'hui. Quoique alliée par mille côtés au monde extérieur, l'âme humaine jouit, nous devons le reconnaître, d'une dignité native qui semble la rendre étrangère aux conditions d'existence de celui-ci. Elle habite les hautes régions de la nature, et l'on peut dire qu'elle en forme comme la couronne. Mais nonobstant cette sublimité essentielle, c'est aussi sur la tombe de la mort qu'elle reçoit l'existence et elle en subit l'influence désorganisatrice. Il s'agit donc de savoir si, dès son origine, elle réunit les conditions nécessaires pour se mettre en harmonie avec Dieu, ou si ce n'est que par degrés et par des efforts soutenus qu'elle s'élève vers les régions célestes.

La première chose qui se présente à notre réflexion, c'est que pour se mettre en rapport avec l'Être un, dont la nature est l'harmonie même, et qui est le centre d'unité de tout ce qui dépend de lui, il faut que l'âme soit préalablement en harmonie avec elle-même : il faut que l'unité soit établie dans son sein. Mais elle est si éloignée de posséder cette unité indispensable, que les facultés de la conscience humaine, telle qu'elle existe, offrent au contraire le tableau de la discordance la plus complète.

La conscience, comme je le disais ailleurs, est quadruple dans les éléments principaux qui sont : l'entendement, la volonté, la raison et l'imagination, et que nous avons considérés comme les quatre points cardinaux du monde de la pensée.

Or, qui ignore le peu d'accord qu'il y a entre l'entendement et la volonté ? Isolées l'une de l'autre, ces deux facultés prennent le plus souvent des directions opposées. Combien rarement voulons-nous avec efficacité et constance, ce que nous reconnaissons être évidemment le meilleur et le plus parfait ! Combien il est rare aussi que nous puissions nous rendre raison de ce que nous désirons avec le plus d'ardeur et avec le plus de passion ? Qui ne sait, hélas ! l'état d'hostilité réciproque dans lequel se trouvent la raison et l'imagination, et dans le règne de la pensée, et dans la sphère de la vie extérieure ? La raison semble éluder ou plutôt détruire à coups d'argument son antagoniste, dans la famille des facultés de l'âme. L'imagination, de son côté, peu soucieuse de son adversaire, qui est pourtant son aînée, rejette dédaigneusement son assistance, et s'engage ainsi sans principe régulateur dans la voie orageuse des illusions.

Mais outre cette désharmonie universelle qui isole les puissances de la conscience, il en est une autre encore qui les trouble jusque dans leur unité respective. En effet, la volonté est-elle souvent d'accord avec elle-même ? Chancelante, incertaine dans ses actes, combien de fois ne varie-t-elle pas par rapport au même objet? Et la raison, dans ses excursions solitaires, combien souvent ne s'engage-t-elle pas dans un labyrinthe de contradictions, d'où elle ne peut plus sortir ? L'action de l'entendement est si variée dans ses degrés et dans ses sphères, que l'on peut dire de lui que souvent il ne s'entend pas lui-même, encore que dans ses jugements particuliers, il jette un coup d'œil juste sur les faits des divers ordres soumis à son observation. Bien plus, qu'est-il ordinairement dans les notions qu'il acquiert, qu'un composé de compréhensions partielles, qu'il ne peut, qu'après un pénible travail, coordonner en un tout harmonique, si tant est qu'il y parvienne. Je ne parlerai point ici des illusions des sens, de l'excessive versatilité de nos passions, ni de ce caractère de subjectivité qui dénature toutes nos conceptions, ni en un mot, de tout ce qui se rapporte à l'imagination et en trahit si manifestement la mobilité. Ces choses sont trop connues pour qu'on doive s'y arrêter. La discordance des facultés de la conscience, considérée sous le point de vue psychologique seulement, abstraction faite du surcroît de désordre dont elle est susceptible sous le rapport moral, cette discordance, dis-je, est si grande et si radicale, qu'au lieu de regarder l'ensemble de l'intelligence humaine comme un tout composé de quatre éléments, il serait plus exact de dire que c'est un tout rompu en quatre pièces.

On a parlé souvent du fait de la conscience ; mais la plupart du temps, les philosophes n'entendent par ce mot que l'appréhension de la pensée, c'est-à-dire, l'acte par lequel le moi pensant devient conscient de sa pensée ou se prend sur le fait même de la pensée, si je puis parler ainsi. Voilà ce qu'ils prennent ordinairement pour le principe de leurs systèmes, voilà pour eux le créateur ou le démiurge du monde des idées, démiurge aussi stérile que chimérique. Mais au lieu de placer le fait de la conscience dans la concordance ou la discordance du moi pensant avec la pensée, il vaudrait mieux le chercher exclusivement dans la scission fondamentale des puissances de l'esprit et de l'âme, scission qui se reproduit dans toutes les sphères de l'action intellectuelle et qui sert de principe à tout le désordre de la vie extérieure, parce que cela n'est que la conséquence et le développement matérialisés de la vie intérieure.

Cette discordance des éléments de la conscience pourrait, à juste titre, servir de base à un traité de philosophie, dont l'objet serait de chercher les conditions nécessaires pour rétablir l'unité dans le sein de l'homme intellectuel et les moyens les plus efficaces d'y parvenir.

Une erreur capitale des philosophes est de prendre la conscience humaine telle qu'elle est et de la considérer comme étant dans son état normal, sans tenir compte de sa désorganisation. Selon eux, le but de la philosophie se borne à l'arracher aux habitudes vulgaires du sens commun, pour l'élever à la hauteur des vaines formules de la dialectique; mais en faisant sortir l'intelligence de l'ornière des idées communes, on ne détruit nullement le principe de division qui en trouble les parties, on ne fait au contraire que le fomenter et le développer. Pour en purger la conscience, au lieu d'élever celle-ci au-dessus de la sphère des idées ordinaires, il faut bien plutôt descendre dans son intérieur et pénétrer jusqu'à l'origine même de la scission. D'ailleurs, il est évident que les facultés de l'âme et de l'esprit n'ont point été créées dans cet état d'hostilité mutuelle qui les désunit si tristement. Cette condition en elles ne peut-être qu'accidentelle. L'unique fait de la conscience humaine consiste donc dans la désharmonie originelle des agents de la pensée; et ce fait, il n'est point d'homme qui ne puisse le confirmer par sa propre expérience et par un témoignage immédiat. La cause, entièrement historique, ne peut être que le déplorable événement dont nous parle la révélation, et dont chacun de nous retrouve des traces dans son intérieur. C'est la nuit d'ignorance qui se répandit sur notre conscience à la suite de la chute du premier homme et qui fait l'état natif de notre âme dans sa condition actuelle, profonde nuit, à la faveur de laquelle un esprit étranger et hostile s'interpose entre nous et le soleil de vérité, pour nous obséder de ses désolantes influences. L'âme, centre de la conscience, fut, dans sa double sphère de la pensée et de l'amour, obscurcie par les ténèbres épaisses qui envahirent tout sur l'horizon du monde des intelligences humaines, et l'on peut dire philosophiquement parlant, abstraction faite de ses dispositions et de ses habitudes vicieuses dans l'ordre moral, que cette sombre catastrophe l'altéra radicalement et la fit considérablement dégénérer de son origine divine.

La conscience humaine présente donc l'aspect d'un tout fondamentalement désorganisé ; et cette désorganisation ne se borne pas à une absence d'unité entre les éléments qui la composent, sa force dissolvante rompt encore les nœuds qui doivent unir la science à la vie. Dans l'ordre intellectuel, la pensée est en opposition avec la réalité, la foi avec la science; dans la vie, l'infini répugne au fini, l'éternel au temporel ; triste scission qui, dans son universalité, désole toutes les régions du monde de l'intelligence. Vu cet état de choses, la plus belle tâche, pour la philosophie, serait sans doute, de chercher, autant que les moyens humains le permettent, à rétablir, comme nous le disions, l'unité première entre les agents de la pensée.

Mais si l'unité de la conscience est possible

en elle-même, si elle peut être rétablie, ce n'est qu'en Dieu qu'il est donné de la trouver. On peut sans doute disputer beaucoup sur ce sujet ; mais les mots ne font pas faire un seul pas à la question ; c'est par des faits qu'il faut la trancher. Ainsi la philosophie doit toujours prendre Dieu pour base et pour point de départ, c'est là la véritable source de la science. Placée sur ce terrain solide et fécond, l'intelligence ne se bornera plus à une stérile contemplation de l'être et de la pensée ; mais, dans son action vivante et vivifiante, elle embrassera et pénétrera l'homme intellectuel et moral, et le réintégrera dans les conditions de son harmonie primitive. Telle est la voie dans laquelle nous nous sommes engagés ; tel est le but vers lequel nous tendons, bien que nous ayons d'avance la conviction de l'insuffisance de nos efforts.

Dans chacune des quatre leçons qui nous ont occupés jusqu'ici, nos réflexions, quoique présentées sous une forme dégagée de la contrainte de la méthode, ont eu pour but, de chercher dans l'une ou dans l'autre des principales sphères de la conscience, le principe de dissolution qui en trouble les éléments, afin de parvenir ensuite à y rétablir l'unité. Pénétrés que nous sommes maintenant que l'objet de la philosophie est de rétablir, dans l'ordre primitif de sa création, la conscience désorganisée de l'homme, nous pouvons voir jusqu'à quel point nous avons atteint ce but dans nos essais précédents.

Le point de dissidence que nous avons cherché à détruire dans notre première leçon, est celui qui établissait un mur de séparation entre la philosophie et la vie. En arrachant la conscience à l'empire exclusif de la raison, et en lui rendant son véritable centre qui est l'âme pensante et l'âme aimante, ce mur purement imaginaire s'écroule de lui-même.

Les rapports du fini à l'infini, du temporel à l'éternel, ne pouvant mieux se démontrer que par des faits, nos efforts, dans la seconde leçon, ont eu pour objet d'indiquer au moins la voie qui conduit à la conciliation de ces deux ordres de choses. Je crois avoir établi la conviction qu'il existe un vrai enthousiasme, et que le sentiment infini qui le caractérise appartient à l'ordre des réalités. J'ai montré encore que l'amour terrestre, dans l'homme et dans la femme, quand il a reçu la consécration du mariage, porte dans son indissolubilité, l'empreinte de l'éternel et devient la source d'une foule de bénédictions divines et de relations morales plus fortes et plus efficaces pour cimenter l'ordre social que toutes les maximes prises en dehors de la vie. Dans le désir, j'ai fait voir l'effort sublime du cœur humain pour arriver à la possession de l'infini, de l'éternel, du divin en un mot. En signalant les caractères du vrai et du faux désir, j'ai dit que c'est par ses fruits qu'il faut en reconnaître la réalité ou l'illusion. Nous avons en troisième lieu, tenté de rétablir, dans l'ordre de la pensée et de la science, les rapports de la conscience avec les faits placés hors d'elle. Si toute science n'était qu'un pur rationalisme, jamais ces rapports ne pourraient être établis; car jamais on ne pourrait concevoir que ce qui n'est pas puisse nous être communiqué et être reconnu de nous. Mais toute science est positive, et la connaissance des choses spirituelles et divines n'est elle-même qu'une science de haute expérience; en sorte que l'idée seule de la révélation implique pour nous la possibilité de la notion de Dieu. Il en est de même de la science de la nature, toutes les fois qu'il est question de se former de celle-ci une idée générale, embrassant dans une unité vivante toutes ses propriétés secrètes avec les conditions de son existence; car, dès que nos investigations s'élèvent à cette hauteur, la nature ne se laisse plus palper; il faut en consulter le langage; mais ce langage n'est intelligible qu'autant que nous en cherchons l'interprétation dans les desseins et dans les plans mêmes de son Créateur, c'est-à-dire en interrogeant la parole révélée.

Ayant une fois constaté que le principe dissolvant, qui réside originellement au fond même de la conscience humaine, détruit toutes les relations du moi pensant aux objets extérieurs de la science, qu'il efface toutes les traces de dérivation de l'effet à la cause, de la nature à Dieu, du monde sensible au Créateur, et constitue par là les sciences naturelles en hostilité ouverte avec les sciences divines, je me suis senti naturellement porté à chercher dans ma quatrième leçon, le moyen de renouer ces nombreux rapports de filiation, et de replacer dans les mains de la science les innombrables fils destinés à la mettre en communication avec les objets extérieurs.

Cette tâche me paraît d'autant plus importante à remplir, que le schisme intellectuel ne demeure point renfermé dans les limites de la science ; il se reproduit encore dans la vie réelle, par autant de partis fortement prononcés et mutuellement hostiles, qu'il existe de systèmes différents dans la pensée. Quoique ces partis, dont les points de dissidence ne sont pas de l'ordre des spéculations, ne se produisent point en public sous des couleurs aussi tranchées que les sectes religieuses et les factions politiques de nos jours, la scission n'en est ni moins réelle ni moins sensible dans ses effets généraux. Le premier de ces partis, et c'est le plus nombreux, se compose des rationalistes. Dans leur indifférence systématique, ils révoquent tout en doute, et le plus souvent c'est à ce même doute qu'ils demandent le point d'appui dont ils veulent étayer leurs jugements. Le second se compose des partisans si exclusifs de la nature, et le nombre en est grand dans le monde savant. Ceux qui forment le troisième enfin, sont ceux qui ne reconnaissent d'autre régulateur de la pensée, ni d'autres motifs de leurs jugements, que les principes puisés à la source positive des décisions divines. S'ils savaient descendre d'un degré de plus dans cette source sacrée, ils y trouveraient des maximes moins exclusives et plus conciliantes, qui leur permettraient mieux qu'à personne de réorganiser les éléments de la pensée et de la science. Ils y découvriraient un centre commun par rapport auquel il leur deviendrait facile de coordonner toutes les branches des connaissances humaines. Mais comme au lieu de prendre la voie de la conciliation, ils conservent l'attitude de la défiance, excluant, rejetant tout ce qui se refuse à l'épreuve de leurs inflexibles arguments, il arrive que, malgré la supériorité de leur position, ils tombent au niveau des autres partis, et ne contribuent pas peu à affermir l'esprit de division dans la conscience comme dans la vie extérieure.

Les trois partis philosophiques qui se partagent l'époque et la vie et dominent chacun à leur manière, sont donc les rationalistes, les philosophes de la nature et les absolutistes qui se retranchent derrière l'autorité divine. Les principes de ces derniers ne sont qu'indirectement exclusifs; ils perdront ce caractère, dès que franchissant les limites du système de négation dans lesquelles on les retient, on leur permettra de prendre un libre développement et d'embrasser dans leur immense portée, toutes les parties des connaissances humaines.

Après avoir jusqu'ici observé dans sa quadruple phase, le grand phénomène de la discordance de la conscience, effet des ténèbres répandues primitivement sur tout l'horizon du monde des intelligences humaines, et triste héritage qui se transmet de génération en génération ; après avoir aussi, par une quadruple tentative, cherché à aplanir les voies à une conciliation universelle entre les facultés de l'esprit et de l'âme, et posé les principales conditions d'un retour à l'unité première, il est temps, ce me semble, d'envisager le problème sous un point de vue général qui embrasse l'ensemble de la conscience.

Nous ne sortirons point néanmoins du cercle des idées psychologiques. Il est aisé de reconnaître que la conscience humaine est par sa nature susceptible d'une plus grande harmonie que celle dont elle nous offre l'image, tant qu'elle est sous la subversive influence du principe désorganisateur qui la domine, principe qui pour lui être inhérent ne lui est pourtant qu'accidentel. Un de nos premiers philosophes modernes de l'Allemagne dit, en parlant de l'âme, qu'elle n'est qu'une vaine fiction, une chose redondante dans l'individu humain. Cette étrange proposition n'a pu lui échapper que parce que, dans son système, il avait abandonné le centre de la vie. Quiconque tient ce centre, ne souscrira jamais à une opinion si manifestement opposée au sentiment commun des hommes, et qui pour cette raison ne mérite aucune réfutation. Mais, pourrait-on lui demander les deux facultés dans lesquelles se divisent l'âme, c'est-à-dire la raison et l'imagination sont-elles aussi d'inutiles fictions? Hélas! leur présence dans la conscience ne se fait que trop sentir par un triste divorce qui se reproduit jusque dans la vie! La division qui les distingue l'une de l'autre, tant qu'elle ne prend pas le caractère d'une opposition hostile, n'est point une chose qu'il faille regarder comme redondante ou pernicieuse, encore qu'on ne puisse pas dire qu'elle soit essentielle à leur nature, ni que Dieu en soit l'auteur. Si les agents de la pensée ne s'isolaient jamais de l'âme aimante, leur centre naturel; si toujours ils se fécondaient dans les sources mêmes de la vie, alors sans doute, jamais il n'y aurait de division entre l'imagination créatrice et la raison régulatrice de la pensée, ou au moins il n'y aurait ni scission ni opposition. Toutes deux se confondraient dans le même acte vivant de la production commune de la pensée. Dans l'hypothèse de la réhabilitation de la conscience, les formes variées sous lesquelles se manifestent l'amour et le désir et même les penchants terrestres permis, ne seraient plus que des modifications extérieures du même élément de l'amour ; elles se résumeraient toutes dans le même principe, sans qu'il fût besoin de leur assigner des agents particuliers, souvent si divergeants dans leurs directions. La conscience morale elle-même cesserait d'être un acte spécial, une fonction distincte du jugement. Confondue dans son action avec les autres facultés, sa présence ne se ferait sentir que par une douce délicatesse, par un tendre tact pour le juste. Les sens et la mémoire, puissances purement auxiliaires de la pensée, ne doivent non plus leur division et leur individualité qu'au schisme radical de l'intelligence ; autrement, supposé le concert primordial rétabli dans l'intérieur de l'homme, ils seraient essentiellement unis à l'âme dont ils ne sont que des organes corporels.

Si donc, au lieu d'évoquer sur elle, par une coupable témérité, les ombres de la mort, l'âme humaine fût restée, en Dieu et au grand jour de la vérité divine, une dans ses éléments, nous ne verrions pas cette foule de facultés spirituelles et morales divisées entr'elles, se faire la guerre dans le sein de la conscience; car alors celle-ci ne serait composée que de l'entendement de l'âme et de la volonté, et supposé encore qu'envisagée sous le triple rapport de la pensée, du sentiment et de l'amour, l'âme offrît l'aspect de trois propriétés distinctes, il n'y aurait là qu'une variété d'effets du même acte dont l'unité radicale ne ressentirait aucune altération. Quant à la distinction de l'entendement et de la volonté, nous la conservons, parce que ces deux facultés sont essentiellement séparées dans tous les esprits créés, et qu'elles semblent même l'être, à certains égards, dans l'esprit incréé. Leur division n'offre néanmoins aucun danger de dissidence. Indivisibles dans le concert de leur action, l'entendement et la volonté ne feront jamais un pas l'un sans l'autre sur le terrain solide et sûr d'une conscience bien organisée et éclairée de toutes parts. Tel est à peu près le tableau que l'on doit se former de la conscience humaine, conçue avec les conditions de son harmonie primordiale, et telle qu'elle serait encore, sans les ténèbres qui l'obscurcissent.

Pour terminer ce que j'ai à dire sur l'entendement et la volonté qui sont les attributs essentiels de l'esprit, on me permettra de citer la proposition d'un autre philosophe de l'Allemagne moderne. Cette proposition déjà touchée ailleurs, et digne pendant de celle que nous venons de rapporter sur la nature de l'âme, ouvrira naturellement la voie aux réflexions qui me restent à faire. L'essence de l'esprit, a dit ce philosophe, consiste en général dans la négation d'un contraire. Quel serait le sens de ces étranges paroles appliquées à l'esprit incréé? C'est ce que je ne dirai pas encore ici. Mais ce que je puis avancer tout d'abord, c'est que pour ce qui concerne les esprits créés, leur essence consiste au contraire dans l'affirmation; savoir, dans l'affirmation éternelle de la fin exclusive pour laquelle Dieu les a créés. N'étant en eux-mêmes qu'un rayon, qu'une étincelle de la lumière divine, il suit de là que pour eux non-seulement l'intuition et la compréhension, mais encore la pensée et l'action, la volonté et son exécution viennent se confondre dans ce rayon, dans cette étincelle même qui est leur unique principe et hors de laquelle ils ne sont rien. D'un autre côté, ce rayon divin n'étant autre chose que l'idée de leur destination, de leur fin, il résulte de là encore que tout leur être consiste dans la pensée de leur fin, de leur mission en un mot, pour me servir d'expressions connues. Voilà pourquoi dans toutes les langues anciennes, la dénomination des purs esprits est dérivée de leur mission même qui fait toute leur essence et qui la fera tant qu'ils demeureront fidèles à leur fin. Cependant la définition de notre philosophe convient excellemment aux esprits déchus ; car l'essence de ceux-ci n'est plus dans l'éternelle affirmation de leur mission qu'ils ont répudiée, mais bien dans l'éternelle négation de ce qui leur est contraire, et ce contraire pour eux n'est rien moins que l'ordre divin.

Tout ce qui a été dit jusqu'ici nous conduit au résultat suivant : si les ténèbres répandues primitivement sur toutes les régions de l'âme, réagirent sur l'élément physique de l'homme, en le condamnant à l'inflexible loi de la mort, d'immortel qu'il était en vertu de sa création, et en déposant dans son sein les germes de maladies et de maux de tout genre, elles exercèrent une influence non moins meurtrière sur l'élément intellectuel, en tuant le principe vivant de la pensée et en lui substituant le germe de toutes sortes d'erreurs. Disons néanmoins, comme pour nous consoler au milieu de tant de misères et de tant de ruines, que, dans l'ordre physique comme dans l'ordre moral, ces déplorables effets ne doivent point être confondus avec l'acte coupable qui les a provoqués ; s'ils en sont la conséquence naturelle, ils n'en portent point le caractère de culpabilité. Le principe d'erreur originel à l'homme, depuis que la lumière divine lui fut interceptée, se reproduit sous quatre formes différentes, correspondant aux quatre facultés mères de la conscience. J'ai parlé ailleurs déjà, de cette idée mortelle, la seule qui me paraisse innée à l'homme, idée dont le contagieux contact paralyse l'élément de vie jusque dans le sein même de la pensée, et condamne celle-ci à ne se produire que sous les formules mortes de l'abstraction.

J'ai fait voir combien elle est enracinée

dans notre esprit et combien elle s'oppose au progrès de la science de la nature. Je n'entends point précisément parler ici de cette science qui se borne à l'exploration extérieure et chimique des éléments du monde sensible, mais bien de celle qui, par l'acte d'une vaste compréhension, cherche à l'embrasser, dans son unité vivante, avec toutes ses propriétés, toutes ses lois et toutes les conditions de son existence réelle. Hélas! dès que l'entendement humain a répandu sur elle son souffle glacé, elle sent la vie lui échapper et ne conserve plus que des notions mortes. C'est ainsi que l'entendement devient la première source de l'erreur scientifique. Mais ces notions mortes, ces formules stériles de l'entendement, la raison s'en empare ensuite pour les élaborer à sa manière. Les démembrer, les décomposer à l'infini, puis les recombiner et les recomposer de mille manières, telle est la fonction qu'elle remplit : or, c'est précisément dans cet exercice purement dialectique, qu'elle s'égare et ouvre une nouvelle source à l'erreur. Ne pouvant plus, à cause de l'absence de vie, et à raison de l'infinie décomposition de ces mêmes notions, retrouver le fil de leurs rapports naturels, elle ose, dans son orgueil, en disposer en souveraine; elle les encadre, d'une manière factice, dans les limites données d'un système arbitraire. De là les contradictions sans fin et les disputes interminables.

C'est un spectacle pitoyable que de voir cette folle raison qui, dans son scepticisme, peut bien aller jusqu'à se nier elle-même, mais qui aussi, par une présomption incompréhensible, ne veut jamais consentir à se laisser conduire. Souvenons-nous au reste que cette fausse tendance de la raison est innée à l'homme, et que pour s'en expliquer les effets, quelque funestes qu'ils puissent être dans leurs derniers résultats, il n'est pas nécessaire de lui supposer aucun dessein immoral prémédité, ni aucun projet quelconque de perversion.

Pour trouver le côté faible de l'imagination, il n'est pas besoin de la considérer dans ses moments critiques où les flammes démoniaques de la passion semblent la consumer, ni même de tenir compte du penchant violent qui ne l'entraîne que trop souvent vers la matière; nous trouverons déjà une mine abondante d'erreurs dans le mélange de vues subjectives qui s'attachent, presque malgré elle, à ses conceptions les plus pures et à ses plans les plus élevés. Une imagination entièrement dépouillée de sa subjectivité est un phénomène rare à rencontrer. Pour nous en convaincre, consultons les productions des arts plastiques, lesquelles peuvent être envisagées comme l'expression de l'imagination exaltée à sa plus haute puissance. Parmi les génies si clair semés dans une époque, chez une nation, auxquels l'opinion commune accorde la gloire, si difficile à atteindre, d'une supériorité marquée, combien peu il y en a dont on puisse dire, en parlant de leurs productions, voilà une œuvre qui est l'image pure de la nature; la vie s'y présente dans un libre épanouissement: rien de subjectif, rien d'individuel n'en dénature l'expression. Il en est de même des sciences et, en un mot, de toutes les sphères de l'action individuelle où l'imagination intervient. Quel est le système des sciences naturelles? quel est le traité des connaissances historiques qui ne porte le cachet de la subjectivité de son auteur?

Ce n'est point non plus dans une volonté immorale et vicieuse qui a jeté tout voile de pudeur, que nous placerons le quatrième principe de l'erreur de la pensée; mais nous prendrons la volonté telle qu'elle est en elle-même, avec les conditions natives de son existence, et isolée de toute influence étrangère. Un de ses caractères les plus saillants c'est le caprice et l'entêtement; c'est en un mot l'absolutisme, un des vices originels de l'homme moral, et commun à tous les âges. Il n'est point de mère, il n'est point d'instituteur, qui ne sachent que dans les plus petits enfants, dès que la raison commence à poindre, la volonté aussi cherche à dominer d'une manière absolue, et la partie la plus importante de leurs devoirs et de leurs fonctions est d'en réprimer les saillies, en la renfermant dans les bornes de la soumission.

Mais si, du giron de la mère et des bancs de l'école, nous passons au vaste théâtre de la vie publique, si nous interrogeons l'histoire du genre humain, la volonté propre et absolue s'y montre comme la source de l'erreur la plus funeste qui puisse obscurcir l'âme et troubler la vie, supposé encore, si l'on veut, qu'exempte de blâme, quant à son objet, elle soit légitime en elle-même, ou peut-être encore, qu'elle se présente avec le caractère d'une grandeur et d'une fermeté digne de louanges; n'est-ce pas elle qui fait le tyran? le tyran qui renverse et détruit tout autour de lui. Il est à remarquer que pour être accompagnée, dans les hommes supérieurs aux autres par leur destinée, d'un entendement d'une vaste portée et d'heureuses dispositions pour le bien, la volonté absolue n'en est, la plupart du temps, que plus désastreuse dans son despotisme. Dans les états même où l'absolutisme du pouvoir est remplacé par des formes aristocratiques, c'est cette même volonté absolue qui transforme en partis furieux, s'entre-déchirant les uns les autres, et mettant le pays en combustion, les diverses opinions politiques qui, pesées dans le calme de la réflexion, eussent fini par se concilier.

Les idées mortes d'un entendement stérile, les disputes dialectiques de la raison, les conceptions subjectives de l'imagination, l'absolutisme de la volonté, telles sont, sans parler de l'égarement des passions, des vices personnels de caractère, ni des préjugés de l'éducation, telles sont, dis-je, les quatre sources de l'erreur scientifique qui inonde l'intelligence encore enfermée dans les étroites limites de la réalité terrestre. Où trouver le moyen de faire tarir ces sources contagieuses, ailleurs que dans une union plus étroite et plus intime de l'âme avec Dieu, centre de toute unité, principe de toute vérité et de toute vie? Mais l'organe de cette union immédiate de l'âme avec Dieu n'est point l'entendement, quoique nous lui ayons déjà accordé la propriété de connaître de la révélation de l'esprit et de l'esprit de la révélation. Il peut bien nous faire faire le premier pas dans la connaissance de nous-mêmes et dans celle de Dieu ; il peut, et son intervention ne saurait avoir d'autre résultat, lever les obstacles extérieurs, et préparer les voies qui conduisent à la Divinité ; mais il ne lui appartient pas de nouer les rapports vivants de la société de l'homme avec son Créateur. Ce n'est que lorsque l'idée divine, après avoir traversé les régions de la compréhension, a pénétré jusqu'au cœur de la conscience où elle jette ses racines, que l'union de l'âme avec la source même de la vie se consomme. Pour atteindre ce résultat, l'intervention de la volonté est nécessaire ; et voilà pourquoi je l'ai appelée l'organe de Dieu dans l'homme, pourvu toutefois que, renonçant à son sens propre, il ait revêtu le caractère de la docilité.

Mais avant de chercher à rendre raison de cette merveilleuse communication de Dieu à l'homme, j'ai une remarque importante à prémettre. Dans toutes les régions de l'existence où se sont portées jusqu'ici nos observations philosophiques, j'ai eu soin de détacher, de chaque être soumis à notre examen, quelques idées caractéristiques que j'ai placées, comme autant de jalons, sur la route de l'entendement, afin d'en diriger le coup d'œil. C'est ainsi que je remarquais que l'état de sommeil est une condition essentielle de la nature sensible, que l'imagination est l'attribut propre de l'homme, à l'exclusion des substances purement spirituelles, tandis que je disais que le signe distinctif des purs esprits consiste dans le cachet de l'éternité, qui est imprimé sur tout leur être. En effet, c'est en vertu du mode d'existence de l'éternité, que, par une action non interrompue, parce qu'elle ne réclame aucun repos, ils s'identifient avec la fin de leur création, et se personnifient avec leur mission. Voilà pourquoi encore ils sont, et seront toujours ce qu'ils ont été. Qu'il me soit maintenant permis de m'élever plus haut et de chercher, en suivant la même méthode, jusque dans la notion divine elle-même, un côté caractéristique saillant, auquel notre intelligence puisse se prendre, lorsqu'elle dirige son essor vers les régions si peu accessibles de la connaissance de Dieu. Je dirai donc : le caractère particulier, non pas de l'essence de Dieu, car toutes les fois qu'il s'agit de l'essence de Dieu, nos chétives intelligences, si bornées dans leur portée scientifique, ne peuvent que s'humilier, mais le caractère particulier de Dieu, manifesté dans ses œuvres, dans son action extérieure, c'est l'incroyable abaissement par lequel il se rapproche de ses créatures et de l'homme surtout. J'ai dit l'incroyable abaissement : c'est qu'en effet non seulement il est au-dessus de toute idée, mais encore il surpasse tout ce qu'en peut croire la foi la plus simple et la plus filiale. Il ne s'agit plus que de voir si le point d'appui que nous venons de choisir dans la notion divine est heureusement rencontré. Car, pour ce qui concerne le fait même de l'abaissement divin, non-seulement il n'est pas une ligne, pas un mot dans l'Écriture sainte, où il ne soit exprimé; mais il est encore écrit en caractères parlants, dans l'histoire, dans la vie, dans la nature, partout en un mot où la Providence et l'intervention divine se manifestèrent d'une manière quelconque. De tous les points de doctrine proposés à l'assentiment des hommes, il n'en est aucun qui réunisse plus de suffrages que cette admirable disposition du Créateur pour sa créature, de telle sorte que, supposé la foi universelle en un seul Dieu vivant, ce fait est placé hors de toute espèce de doute.

Pour nous former une idée claire maintenant de la nécessité de la coopération de la volonté de l'homme, dans les rapports vivants qui s'établissent entre lui et la Divinité, rapports qui sont autre chose qu'une connaissance purement spéculative, supposons qu'en vertu de cet incroyable abaissement, Dieu daigne se manifester à un homme, qu'il lui parle avec toute la familiarité d'un ami à son ami, comme, selon le rapport de l'Écriture sainte, il se révéla autrefois à Moïse ; admettons qu'il lui dévoile sa volonté et ses décrets cachés, non-seulement d'une manière sommaire et générale, mais encore dans les plus petits détails, lui spécifiant ce qu'il veut de lui, quelles sont les vues qu'il a sur lui à l'instant même qu'il lui parle ; lui indiquant en même temps les moyens d'accomplir sa volonté, et pour prix de sa fidélité, accompagnant ses injonctions de magnifiques promesses : tout cela sera complétement inutile tant que, par un mouvement de sa volonté, l'homme n'y aura pas consenti, tant qu'il n'aura point dégagé son moi de l'étroite prison de son vieil égoïsme, mélange impur d'habitudes perverses, de crainte, et de cette concupiscence, si enracinée dans la nature humaine.

C'est donc la concordance de la volonté humaine avec la volonté divine, c'est l'affirmation tacite du cœur par le consentement, qui peut seul conduire réellement à Dieu l'homme créé libre jusque dans ses relations avec son Créateur. C'est à ce titre que la volonté, plutôt que l'entendement, est l'organe de Dieu dans l'homme. Mais souvenons-nous que l'acte de la volonté est exigé avant toutes choses. Quant à la force d'exécution, elle n'est point requise au même degré, tant parce qu'elle est inégalement départie aux individus, que parce que l'homme par lui-même ne peut jamais élever son action au-dessus de la portée des forces naturelles. L'acquiescement et l'abandon de la volonté de l'homme à celle de Dieu ne peut s'opérer qu'autant que le premier se détache du monde sensible qui l'enlace si étroitement par mille réseaux, et qu'il s'affranchisse, jusqu'à un certain point au moins, du tyrannique empire de lui-même. Mais, pourrait-on demander ici, quelles sont les justes bornes du renoncement au monde et du sacrifice de soi-même exigés de nous, et que la philosophie platonicienne déjà nous dit être indispensable pour nous approcher, même d'un seul pas, de la bonté suprême et de l'Être infiniment parfait? Le solitaire et le pénitent indien, pénétré de la nécessité de ce renoncement au monde, pour s'unir à Dieu, demeure pendant trente ans assis dans le même lieu, les yeux fixés sur la même place, outre-passant ainsi les bornes de la nature humaine jusqu'au point d'en faire perdre les traces ; ou bien, pour consommerplus promptement son union avec Dieu, il monte sur un bûcher, poussé pas une fausse idée du sacrifice de soi-même, laquelle efface en lui jusqu'aux notions les plus simples de la saine raison, car, quoi de plus simple que cette maxime : qu'il ne nous est pas permis de disposer d'une vie que nous ne nous sommes pas donnée ?

Ces exagérations gigantesques, qui se rencontrent chez les peuples asiatiques, sont très-éloignées de la vérité. Si les idées qu'elles supposent ont le beau et le vrai pour principe, elles prennent dans leur exaltation une forme monstrueuse qui les rend méconnaissables. Voyons agir la nature dans les différentes périodes de la vie humaine, peut-être saisirons-nous plus aisément le caractère et le degré que doit avoir l'abnégation de soi-même, pour que l'homme puisse efficacement correspondre à la voix de Dieu qui l'appelle, et suivre l'impulsion de sa paternelle main, dirigeant avec une égale sollicitude l'éducation du genre humain en général, et celle de l'individu en particulier.

Il est dans la nature de l'enfant d'aimer à jouer. Le jeu lui est même nécessaire pour favoriser le libre développement de ses forces. Mais si, au milieu de ses innocents amusements, la voix de sa mère, voix suprême pour lui, vient à l'appeler, dès lors il doit tout quitter pour obéir. Il est sans doute permis aux jeunes gens de se livrer à la joie, et de jouir des fleurs du printemps de la vie : mais que l'honneur et le devoir parlent, les plaisirs doivent aussitôt faire place à une sérieuse activité. Ou bien est-il question des jeunes personnes? dès que leur gaieté et leur enjouement touchent les bornes de la modestie, elles doivent, au premier signal, rentrer dans les bornes du devoir. Il est dans la destinée de l'homme fait de se répandre dans le monde; et, ainsi impliqué dans les embarras des affaires, il lui reste peu de temps pour s'occuper de sentiments et de pensées oiseuses; tout ce qui est demandé de lui, c'est que, conservant le souvenir des choses d'en haut, ce qui n'exige aucune disposition extérieure ni n'entraîne aucune perte de temps, il ne perde point Dieu de vue, ni ne rejette avec dédain au rang des puérilités ce qui a rapport aux choses divines. Ou bien, si l'on veut encore, portons nos regards sur les souffrances de la vie humaine.

Représentons-nous une femme au comble du bonheur, à côté d'un époux qu'elle chérit. Elle vit tout entière dans ses enfants; elle possède d'ailleurs tous les avantages désirables de la fortune. Soudain elle perd tout, son mari, ses enfants, et, sans interruption dans les coups qui la frappent, peut-être perd-elle aussi la santé, et en partie le rang qu'elle occupe dans le monde.

Ce sont là autant de malheurs dont la vie humaine ne nous offre que trop d'exemples. Or qui pourra lui faire un reproche de souffrir et de se plaindre? Personne. Nous devons croire bien plutôt que des yeux plus élevés que ceux de l'homme la contemplent d'en haut, pleins de compassion.

Il n'est qu'une chose que l'on doive désirer et attendre d'elle, et cette chose la saine raison la lui dicte, c'est de ne pas entièrement désespérer d'elle-même, comme de ne point non plus murmurer contre la Providence.

Ainsi on voit, par cet exemple, que Dieu n'exige pas plus de notre volonté, qui, à proprement parler, est la seule chose qu'il demande de nous, que les hommes, dans les relations ordinaires de la vie, ne se demandent les uns aux autres.

Voilà ce que nous entendons par ce libre consentement, par cette conformité intérieure de notre volonté à celle de Dieu, moyens nécessaires de notre union avec lui; tandis que la simple compréhension de toutes les révélations possibles est absolument insuffisante pour nous faire atteindre ce but.

Voilà donc en quoi consiste l'abnégation exigée de nous-mêmes, dans les conditions ordinaires de la vie. Mais s'agit-il d'une vocation spéciale? Quelqu'un éprouve-t-il de l'inclination pour devenir le ministre de la parole de Dieu, l'instrument des communications divines? Alors commencent pour lui des devoirs plus élevés et plus rigoureux, et c'est ce qui a lieu pour chaque état de vie en particulier.

En effet y a-t-il un état plus commun pour l'homme bien né que celui de guerrier et de défenseur de la patrie? Et pourtant quel courage inébranlable, quel mépris de la mort, quel endurcissement aux fatigues, quelles privations de tout genre n'exige-t-il pas? Et la maternité, vocation si simple et si conforme à la nature, de combien de souffrances, de combien de soucis, de combien de dangers n'est-elle pas entourée? L'amour maternel le plus pur, le plus véritable que l'on puisse rencontrer parmi les hommes, est-il autre chose qu'une suite non interrompue de peines de tout genre? Mais ce qui manque surtout à l'amour de l'homme, c'est qu'il ne se développe souvent que dans une direction trop exclusive; ou bien, assoupi la plupart du temps, il ne se manifeste que dans certaines circonstances passagères de notre vie, par des actes interrompus de générosité et de sacrifice. Il n'embrasse pas assez les rapports multipliés de l'existence journalière. Il se mêle peu aux peines et aux soucis sans nombre dont elle est inséparable.

Ce qui a lieu par rapport à l'amour s'applique également à la foi. Celle-ci n'entre point assez non plus dans les choses de détail; elle ne nous est point assez identifiée. Elle n'est ni assez filiale, ni assez familière; en un mot nous ne nous l'approprions pas assez.

Les hommes ont, pour la plupart, une opinion trop haute de leur mérite personnel, et une confiance trop grande en leurs propres forces; au moins le défaut contraire, c'est-à-dire la pusillanimité excessive, forme une exception rare; mais de leur vocation, mais de leur fin, ils n'en ont ordinairement qu'une idée bien faible; ils n'y croient pas.

Chétifs atômes perdus, comme ils le disent, dans l'immensité de l'univers, ils se considèrent, et en eux-mêmes, et dans leurs destinées, comme des êtres insignifiants. Or il n'est rien de plus opposé à la réalité que cette dépréciation de la nature de l'homme, et cet oubli de sa vocation; car, aux yeux de Dieu et dans le plan de la création, chaque homme est un monde plein de vie; c'est un véritable *microcosme*, pour me servir d'une expression ancienne.

Chacun de nous a une vocation propre, et une destination spéciale. Si les hommes ouvraient une fois les yeux sur leur destinée, ils seraient étonnés du nombre infini de choses qu'ils négligent d'accomplir par leur faute, ainsi qu'en général du bien que l'indifférence et l'ignorance sur ce point fait omettre dans le monde.

De tant de milliers d'hommes que ce point intéresse, très-peu arrivent à reconnaître clairement ce à quoi ils sont appelés; et cela vient de ce que la foi est trop faible en eux, surtout de ce qu'elle est trop vague, trop superficielle, et ne les pénètre pas assez; elle n'est ni assez individualisée, ni assez filiale. La foi filiale; l'amour patient jusqu'à la fin, tels sont les véritables nœuds de l'union intime de l'homme avec Dieu.

L'espérance, telle qu'on la retrouve parmi les hommes, est pareillement très-défectueuse; elle devrait être forte et héroïque pour correspondre à sa dénomination. On trouverait peut-être peu d'hommes qui fussent absolument dépourvus de foi et d'amour, parce que dans la foi et dans l'amour, Dieu lui-même, par une condescendance infinie, s'abaisse jusqu'au niveau de la pensée et de l'action de l'homme; dans l'espérance, au contraire, c'est l'homme lui-même qui doit s'élever vers les choses divines; et voilà pourquoi elle doit être forte pour être efficace. Ne semble-t-il pas après cela, la nature humaine étant donnée, que l'espérance doive être beaucoup plus rare que la foi et l'amour? Aussi serait-il possible qu'on trouvât beaucoup d'hommes dont le cœur fût presque entièrement étranger à l'espérance.

Le désir dont il a été parlé plus haut, celui qui a pour objet l'éternel et le divin, est l'acte par lequel l'âme cherche Dieu. L'acquiescement de la volonté, lorsqu'il est accompagné d'une foi filiale, d'une charité patiente, et qu'il persévère toute la vie dans une espérance inébranlable, est, à proprement parler, l'acte par lequel elle le trouve en elle, et s'attache à lui après l'avoir trouvé.

En tant que principe de tout ce qu'il y a de bon et de noble en nous, le désir ne peut être exalté assez haut, et nulle part il n'est dépeint d'une manière si inimitable que dans l'Écriture sainte ; jusque-là même qu'un prophète, homme chargé par Dieu d'une mission extraordinaire, et doué, dans ce but, d'une vertu prodigieuse, y est appelé l'*homme de désir*. Toutefois le désir ne peut être considéré que comme le principe, le germe d'où naissent les trois fleurs de grâce, dans le beau symbole de la foi, de l'espérance et de la charité ; fleurs dont les tiges fécondes répandent avec une variété infinie l'immense richesse de leurs fruits et spirituels et moraux, sur toutes les époques, et sur toutes les conditions de la vie. Ce symbole sacré offre, dans la triple pensée qu'il recèle, et dans le triple sentiment qu'il suppose, une harmonie fondamentale qui nous plaît toujours, soit qu'on la représente sous les formes graves d'un discours sérieux, soit qu'on la revête des charmes de la poésie. Mais malheureusement nous ne nous livrons qu'à des recherches imparfaites sur sa nature; nous négligeons d'en pénétrer le sens profond.

Relativement à l'objet qui nous occupe dans cette philosophie de la vie, lequel est la connaissance de la conscience, c'est surtout sur le côté psychologique de cette question qu'il est important de fixer notre attention. Je veux faire voir comment la conscience humaine, déchirée par une scission si radicale dans ses éléments, peut par la foi, l'espérance et la charité, être ramenée à son état normal ; je montrerai comment les agents de la pensée peuvent être reconstitués dans les rapports d'une sympathie et d'une harmonie mutuelle. Par la foi, pourvu que par ce mot on n'entende pas une croyance purement routinière, consistant dans la récitation d'une formule morte, mais bien une foi vivante et personnifiée en nous, laquelle a pour objet un Dieu vivant hypostatique, sauveur des hommes ; par la foi, dis-je, la vie et l'esprit de la vérité reprennent leur place dans l'intelligence, revivifient la pensée là où il n'existait plus que de stériles abstractions. Dès que par une longue patience et une longue persévérance, la bonté et l'amour purs sont devenus comme l'âme de notre être, il ne saurait plus être question de volonté endurcie ou abrutie par la passion ; la volonté absolue en un mot, est vaincue; car alors un élément de vie pénètre la faculté de la détermination et en vérifie tous les actes. Par la confiance ferme que l'homme place en Dieu, c'est-à-dire par une espérance généreuse qui se fonde sur l'Éternel même, la raison et l'imagination se trouvent ramenées à l'unité et par elle l'harmonie de la conscience est parfaitement rétablie.

J'ai dit précédemment que l'imagination est l'attribut caractéristique de l'homme, à l'exclusion des autres substances spirituelles. En effet la raison n'étant qu'une faculté négative, ne peut être considérée que comme un signe négatif non plus, distinguant l'homme des animaux; nous pouvons dire maintenant et dans un sens plus complet, plus profond et en même temps plus exact que l'espérance étant ce qu'il y a de plus intime dans l'homme, en forme aussi le caractère le plus saillant.

C'est dans l'espérance divine que le désir étale la prodigieuse richesse de ses fruits. Au reste, les trois vertus régénératrices de la conscience se modifient dans leur importance relative selon qu'on se les représente dans l'éternité ou dans le temps. Pour l'homme transporté dans les régions célestes, la charité tient le premier rang, car l'espérance cesse dès que la possession commence, et la foi fait place à l'intuition. Mais tant que nous poursuivons la route de notre pèlerinage terrestre, l'espérance semble réclamer la première place sous le rapport de l'importance. parce que c'est la flamme vivifiante qui alimente la foi et l'amour, et en un mot, tout ce qu'il y a de grand en nous. L'espérance est l'élément fécondant de l'âme immortelle, c'est le foyer de la grâce, le centre de lumière où elle reprend sa première force et son premier éclat ; c'est dans son sein qu'elle se renouvelle, par rapport à elle-même et par rapport à Dieu, dans l'unité qu'elle avait perdue.

LEÇON VI.

De l'ordre de Dieu dans la nature, et des rapports de la nature au monde invisible.

MESSIEURS,

Toutes les fois qu'il est question de l'essence même de Dieu, on ne saurait l'élever ni l'exalter assez haut, attendu qu'il n'y a point d'idée assez vaste pour en embrasser l'immensité, ni d'expression assez complète et assez vive pour en dépeindre les infinies propriétés. Mais s'agit-il de son action sur la création, veut-on parler de sa providence dont la main pleine de bonté dirige tout dans la course de ce bas monde, alors, conformément au principe de l'abaissement divin, que nous avons adopté dans notre précédente leçon, pour servir de point d'appui à notre fragile science sur le terrain glissant de la connaissance de Dieu ; alors, dis-je, nous ne saurions le représenter sous des couleurs assez simples, ni nous approcher de lui d'une manière trop familière et trop naturelle.

Cette vérité, quoique généralement reconnue, n'est point assez approfondie. On ne se rend point assez compte de sa portée, ni de ses conséquences. Toutes les fois que l'on parle de la divinité, on remonte presque toujours aussitôt au ton solennel du sublime ; et cependant la voix d'un amour filial serait beaucoup plus propre à exprimer avec la simplicité et le naturel qui leur conviennent les rapports d'un Créateur plein de bonté aux êtres de la création, et particulièrement à l'homme. J'ai dit avec le naturel qui leur convient : c'est qu'en effet il est dans la nature des choses que Dieu, qui a voulu créer des êtres libres tels que les hommes, puisse aussi leur donner toute chose, les avoir sans cesse en sa présence et leur tendre partout une main secourable. Cependant cette main providentielle ne les dirige pas toujours d'une manière également immédiate; car autrement ils cesseraient d'être libres.

Quelquefois elle semble se retirer et les abandonner à leur propre mouvement. Il en est à peu près de la conduite de Dieu par rapport à l'homme, comme de celle d'une mère à l'égard de son enfant auquel elle veut apprendre à marcher. D'abord elle choisit avec soin un terrain qui ne soit ni trop raboteux ni trop rude, afin de prévenir, en cas de chute, tout accident fâcheux; puis, après l'avoir tenu quelque temps par la main, elle l'abandonne enfin à lui-même, et se retire à quelque distance, attendant que les pas mal assurés de ses pieds chancelants le ramènent vers elle. Il est inutile de dire tous les soins de la mère pendant ce petit manége, et son attention à voler au secours de son fils dès qu'il fait mine de tomber.

Tel est en quelque sorte la simplicité des rapports de Dieu à l'homme en particulier, et au genre humain en général dans l'éducation sociale que sa providence veut bien diriger elle-même, éducation qui a ses périodes de développement comme celle de l'individu, et dans laquelle on retrouve l'analogie du progrès gradué des formations de la nature.

Supposons que Dieu, outre les purs esprits, ait encore voulu créer une nature sensible ; admettons qu'il l'ait créée en effet ; au reste c'est un fait qui parle à nos yeux, cette nature, ou ces éléments sensibles, portant en eux le principe de leur dilatation et de leur perpétuation, ne peuvent être ni absolus ni indépendants, attendu qu'ils n'ont pu se donner le commencement de l'existence à eux-mêmes. Ils ne seraient en outre, dans leur action, qu'une force aveugle et destructive, si le Créateur, dans sa bonté, ne leur eût assigné un terme, une fin à laquelle ils doivent tendre. La nature n'a point été créée libre comme l'homme ; mais elle n'est point non plus une œuvre mécanique dont le mouvement soit subordonné à un agent moteur étranger. Elle est douée de vie, et malgré l'opinion de quelques penseurs superficiels et abstraits, cette vérité n'en est pas moins appuyée sur le sentiment universel et constant du genre humain. Ne semble-t-il pas entendre bruire la vie dans un arbre dont les nombreux rameaux et le riche feuillage s'agitent au gré des vents? N'y retrouve-t-on pas toutes les conditions de la vitalité, tandis que dans les productions mécaniques de l'industrie, l'absence de toute spontanéité décèle manifestement une œuvre purement passive, dépourvue de tout attribut vivant. Aussi la science de la nature, plus approfondie, reconnaît et nous apprend, que les plantes, par exemple, sont douées des propriétés du sommeil, de la fécondation et de la reproduction aussi bien que les animaux, encore que le mode en soit différent. Et la nature elle-même est-elle autre chose que l'arbre de la vie, dont le tronc majestueux et les ramifications sans nombre tirent leur sève des sources intarissables de ses racines mystérieuses, tandis que ses feuilles et ses fleurs, dans leur épanouissement non interrompu s'alimentent des substances balsamiques des régions éthérées. Son mouvement continuel atteste l'existence d'un principe de développement qui lui est propre, et l'on croit entendre dans ses sommités la présence de quelques puissances invisibles. S'il est une science superficielle, stérile et essentiellement fausse, c'est bien celle qui ne voit dans la nature, malgré toutes les merveilles et toute la magnificence dont Dieu l'a enrichie, qu'un produit mécanique ; c'est celle à laquelle le Créateur n'apparaît que comme un géomètre tout-puissant, ayant à sa disposition des forces infinies et communiquant à la masse inerte de la création un degré de mouvement réglé par des calculs mathématiques. Cette comparaison, pour être triviale, n'en explique que mieux le caractère vicieux des études physiques de certains philosophes. S'il nous était permis de nous servir de figures emblématiques pour exprimer les divines fonctions du Créateur, au lieu de l'assimiler à un habile machiniste, je le comparerais plutôt à un jardinier omniscient, créateur des arbres et des fleurs qu'il cultive, ainsi que du terrain dans lequel il les plante, et pouvant invoquer à son gré sur son magnifique parterre, le bienfait des doux zéphyrs, d'une fraîche rosée, d'une pluie féconde, de même aussi que l'action vivifiante du soleil.

Si la nature a sa vie propre, il faut qu'elle soit également douée d'une force expansive vivante. C'est d'ailleurs ce que démontre clairement la simple inspection de ce qui nous entoure dans le monde sensible, et ce que suppose le sentiment commun des hommes. Il faut encore que le développement de cette vie soit soumis aux lois ordinaires des progrès, lesquelles sont basées sur l'essence même des choses. Le mouvement n'en saurait être abandonné à un aveugle caprice. On se tromperait si l'on supposait que le Créateur ne s'est réservé que le commencement et la fin de la nature; sa volonté possède sur toutes les parties de sa durée et de son extension, les droits imprescriptibles de la toute-puissance, il peut lui commander où, quand et comme il lui plaît. Il peut en interrompre soudain le développement, en arrêter le cours comme aussi il peut tout à coup réveiller et revivifier ce qui auparavant était mort et inerte. Il est en son pouvoir, en un mot, d'en suspendre les lois et d'intervenir dans la sphère de leur action, par un acte immédiat et surnaturel, faisant exception au cours ordinaire des choses. Si dans la vie sociale, le législateur a la faculté de déroger en certains cas aux lois qu'il a lui-même portées, pourrait-il y avoir plus de difficulté à reconnaître ce même pouvoir au législateur suprême de création.

Cette intervention immédiate de la puissance divine, laquelle porte toujours un caractère de localité et de particularité, est précisément ce qui constitue la notion des miracles dont tout homme doué d'un sens sain et droit ne niera jamais la possibilité. Mais, pourrait-on objecter, si les effets prodigieux que nous qualifions de miracle se trouvaient n'être point essentiellement des exceptions au cours ordinaire de la nature ; s'ils n'avaient en réalité de dérogatoire que la rareté du fait, laquelle ne permet de les classer dans aucune des catégories naturelles connues ; dès lors la notion que nous donnons des miracles s'évanouirait par là même. Il faut remarquer ici que les dérogations au cours ordinaire des choses ne sont pas toujours des phénomènes contraires à la nature, mais toujours au moins ils sont au-dessus de la nature et outre-passent les limites de son action. Ainsi pour n'être point directement opposés aux lois du monde, les faits que nous appelons miracles n'en sont pas moins des dérogations aux effets constants des éléments de la nature. Sans doute, il ne peut être que très-conforme à l'infinie sagesse du Créateur de maintenir son œuvre, tant qu'elle durera dans le cercle de l'économie à laquelle il l'a soumise en la formant.

Mais, dira-t-on encore, si les faits que l'on appelle miracles émanent directement de Dieu, les lois de la nature ont aussi le Créateur pour auteur immédiat ; et le cachet du merveilleux n'est pas moins visible sur celle-ci que sur les premiers. La chose est très-vraie ; mais elle n'a rien de surprenant, car il reste toujours une différence essentielle entre les œuvres dues à l'entervention directe de la divinité et les effets produits par une cause créée, douée d'un principe de vie et d'action qui lui est propre et abandonnée à elle-même dans l'expansion de sa force.

Quand on se représente la nature terrestre comme un être soumis à deux puissances ennemies qui se font la guerre dans son sein, savoir, d'une part, l'élément destructif de la mort, de l'autre le principe fécond du perfectionnement, on comprend sans peine que pour la garantir contre une ruine toujours imminente et la soutenir dans l'ordre primitif de sa création, il ne faut rien de moins que la main puissante qui l'a fait sortir du néant ; que si l'action de cette main conservatrice venait à être suspendue, si la digue qu'elle oppose aux torrens dévastateurs du désordre venait à se rompre, la catastrophe qui en résulterait serait encore une dérogation à la marche ordinaire des choses, mais une dérogation d'un ordre tout spécial. Ce serait un miracle, mais un miracle du courroux céleste, tel que celui dont on retrouve encore tant de traces sur toutes les parties du globe. Au reste, un pareil événement ne serait pas moins exceptionnel à tous les effets accoutumés de la nature, que toute autre espèce de prodige à quelque ordre qu'il appartienne.

C'est ainsi, ce me semble, que tout dans la nature doit se rapporter à Dieu créateur et conservateur du monde. Il ne se passe rien dans la sphère d'activité de ses lois, ni dans le cercle des phénomènes miraculeux, qui ne suppose nécessairement une intervention immédiate ou médiate de la Divinité. Cependant, malgré la dépendance étroite dans laquelle la nature se trouve à l'égard de son Auteur, elle n'en est pas moins douée d'un principe de vie qui lui est propre, et de la faculté d'un développement individuel. La nature n'a point la prérogative du libre arbitre comme l'homme ; néanmoins, comme tout ce qui a vie, elle possède le germe d'une libre expansion, et si dans les individus animés, chez lesquels la vie est le plus développée, nous avons reconnu une sorte de conscience intellectuelle, quoique son état d'assoupissement l'empêche de se révéler ; de même aussi, nous pouvons dire que dans le monde sensible tout semble indiquer un commencement de liberté. C'est comme le premier degré de cette liberté qui, après s'être développée par périodes progressives, dans les différentes classes d'êtres animés, selon que ceux-ci jouissent d'une existence plus ou moins parfaite, finit par s'exprimer pleinement et complétement dans l'homme, image de Dieu et couronne de la création.

Examiné sous un autre point de vue, le monde des sens n'est en général que l'enveloppe du monde des esprits ; c'est le voile léger, mobile, presque transparent et toujours expressif des puissances invisibles. On ne saurait donc en aucun cas se le représenter comme absolu et indépendant de son Créateur; nulle part il n'est isolé et sans relation avec un ordre de choses supérieur; mais toujours et dans toutes ses parties, il faut voir en lui une puissance vivante, significative et même intérieurement et extérieurement significative, des choses qu'elle dérobe à nos sens. Ces deux idées, celle de la volonté libre de l'homme et celle du développement vivant de la nature, sont les deux points d'appui sur lesquels doit s'étayer toute tentative faite dans le but d'expliquer l'ordre divin dans le monde. Telles sont par conséquent les données qui serviront de bases à nos réflexions aujourd'hui.

S'il est vrai qu'une explication de l'ordre divin dans la nature, donnée selon la capacité de l'esprit humain, soit une espèce de théodicée, je proposerais, moi, une théodicée sentimentale qui parlât au cœur, plutôt qu'une hypothèse arbitraire qui, quelque ingénieuse qu'elle soit, demeure néanmoins toujours impuissante à donner la solution d'une foule de questions que soulève à chaque instant l'observation de la nature, et prête souvent au Créateur des vues, des desseins dont elle ne peut aucunement se rendre raison. L'étude du monde extérieur offre à la réflexion un cercle d'idées qui repoussent toutes formes trop rigoureuses et trop systématiques. Il faut surtout se garder d'appliquer à la nature ou à Dieu, à l'exemple de tant de penseurs, cette nécessité logique innée à notre esprit borné et dont le secours nous est indispensable.

Par une application aussi téméraire, on ne pourrait qu'évoquer sur l'ensemble de nos idées le fantôme de la fatalité et d'un aveugle destin. Il y a, au contraire, dans le cœur de l'homme, certains sentiments qui excitent dans l'âme une pénible curiosité; ces sentiments, que la seule vue de la nature peut réveiller, sont loin de porter le caractère du doute et de l'objection : du moins leur langage n'a aucune prétention à la science ni n'articule rien de bien formel; mais c'est par cette raison même qu'ils méritent le plus notre attention. Les cris plaintifs d'un animal doux, inoffensif, que l'homme tue, ou bien l'horrible sifflement d'un serpent malfaisant, la vue hideuse d'une fourmilière d'insectes se disputant la corruption d'un cadavre, ce sont là autant de voix sourdes qui semblent nous adresser la question suivante : Sont-ce là les productions de l'Être infiniment parfait ? sont-ce là les créatures de l'Esprit suprême? Les souffrances des animaux sont un thème digne sans doute d'occuper la réflexion de l'homme, et je ne souscrirais jamais à l'opinion de ceux qui rejeteraient cette matière comme ne méritant aucun examen particulier, ou qui voudraient arracher du cœur de l'homme la compassion pour les animaux.

On voit qu'il s'agit ici, à proprement parler, de la question de l'âme des bêtes; et, certes, elle ne serait point indigne de la philosophie, la tâche qui aurait pour but de trouver le juste milieu à tenir à cet égard, entre les opinions extravagantes des anciens peuples et l'apathie désespérante de la science moderne, laquelle n'estime rien, ne compatit à rien, et ne comprend rien en un mot de ce qui ne porte point le caractère de la raison de la même manière et dans la même mesure que l'homme. Les doctrines indiennes sur la métempsycose non-seulement accordent aux animaux une âme immortelle ; elles enseignent de plus que les âmes des hommes sont enfermées dans les corps de ceux-là pour expier leurs fautes passées. Quelque belle que soit la sympathie qui porte l'homme à respecter le corps de la bête, sympathie que de pareilles croyances transforment en un devoir sacré, cependant ces idées étranges et l'excessive extension de l'immortalité de l'âme aux animaux terrestres sont dépourvues de toute raison et de tout fondement, et l'hypothèse d'un pareil état d'expiation auquel sont condamnées les âmes humaines coupables est incompatible avec la notion de l'ordre divin.

Au reste, un châtiment de ce genre, bien que temporel, n'aurait pour les âmes aucun résultat salutaire de purification ; il ne pourrait pas même être regardé comme une disposition à l'expiation des fautes : il serait donc sans but et absurde.

Ce qui pourrait paraître douteux dans la question qui nous occupe, ce serait de savoir si chacun des animaux est doué d'une âme individuelle. Dans les espèces le plus en rapport avec l'homme, chaque animal, par suite d'une sorte de contact spirituel avec celui-là, semble offrir le caractère d'une individualité propre. La variété observée dans leurs actes et même dans leurs habitudes paraît indiquer les conditions nécessaires à l'existence du moi agissant. C'est ainsi que précédemment nous avons déjà constaté la faible analogie qui rapproche l'instinct, dans les animaux les plus industrieux, de la raison de l'homme, et que nous avons regardé comme un prélude de l'imagination les essais de mélodie remarqués en d'autres classes.

Pour les espèces qui demeurent invariablement dans les habitudes de leur nature, les individus possèdent collectivement le même caractère commun et par conséquent la même âme indistincte; et, dans ce cas, l'espèce tout entière ne forme qu'un seul individu, comme aussi chaque catégorie d'animaux ne doit être envisagée que comme une forme différente sous laquelle se reproduit la vie générale ou la force organique commune de la nature. Autrement il faudrait admettre l'immortalité de l'âme des bêtes; ce qui ne peut être reconnu en aucune manière.

Pour revenir à ces sentiments dont j'ai parlé plus haut, lesquels provoquent notre curiosité sur la nature et sur ce qui a vie en elle, je m'arrêterai d'abord à ces vers que produit la corruption, et dont j'ai parlé en dernier lieu: car il n'y a rien qui démontre aussi manifestement l'élément de vie dont est doué le monde matériel. Cet élément est si abondant et si énergique, que, même dans l'état de maladie, et jusque dans l'état de mort et de putréfaction, la nature manifeste son action vitale et engendre des êtres vivants. Et toute vile, toute fausse que soit la vie dans ces hideuses productions, ce n'en est pas moins la vie.

Peut-on regarder comme des créatures véritables, ces résultats maladifs de la puissance productive de la nature, tels, par exemple, que les vers qui, en de certaines maladies, se forment dans les intestins de l'homme ? Ce ne sont que les parcelles d'une matière vivante qui tombe en dissolution, et dont les propriétés vitales survivent à la décomposition même.

Ces produits de la corruption ne sont pas particuliers aux régions de la vie organique ; la matière en général, à l'état premier d'élément, présente le même phénomène. L'eau fraîche, par exemple, est un élément vivant ; plus elle recèle de vie, plus aussi elle est limpide, salubre et pure de ces animalcules microscopiques qui ne commencent à pulluler que lorsqu'elle entre en corruption ; et alors, comme on peut s'en convaincre par l'inspection de l'eau douce conservée longtemps dans un vaisseau, à mesure que la décomposition s'opère dans celle-ci, ces animalcules prennent un accroissement tel, qu'on les voit s'agiter dans le liquide sous la forme de vers ordinaires.

Ces procréations de vermine, formées dans le sein même de la putréfaction, sont un fait qui se présente de tant d'autres manières encore, qu'on peut le regarder comme l'effet d'une loi générale de la nature. Que dire de ces essaims de sauterelles, fléaux publics qui se répandent sous le ciel de l'Asie comme de noirs et épais nuages? Est-ce autre chose qu'une création maladive d'un air infecté par quelque élément contagieux et tombant en dissolution? Que l'air et l'atmosphère de notre globe soient doués de vie et même d'une vie très-subtile, c'est une chose que je suppose admise; je ne crois pas que l'on conteste davantage que ce même air est un composé confus de forces contraires, où le souffle balsamique du printemps lutte contre le vent brûlant du désert et contre les miasmes contagieux de toutes espèces.

Mais qu'est-ce que cet élément contagieux qui infecte tout, sinon le principe vivant de la mort et de la corruption, principe qui envahit tout et se propage dans les divers règnes de la nature? Et parmi les poisons, plusieurs, et surtout ceux de l'animal, ne sont-ils pas des agents actifs et pleins de vie? Peut-être ne s'écarterait-on pas de la vérité en étendant à d'autres productions également nuisibles de la nature les observations que nous venons de faire sur l'origine des vers et des insectes? Ne serait-il pas permis de voir dans le serpent, par exemple, une création des entrailles malades de la terre? On ne peut nier que les esprits malins n'exercent une influence sur la nature, ni qu'on ne retrouve en plusieurs lieux des traces évidentes de leur action malfaisante. Déjà même plusieurs savants envisagent le singe moins comme une créature primitive, que comme la réalisation d'une idée satanique, dans le but de parodier la création de l'homme, favori de Dieu sur la terre.

Que le prince de ce monde, et par ce mot il ne faut point entendre seulement le monde moral corrompu, mais bien encore le monde sensible, dans son état de dégénération actuel, que le prince du monde, dis-je, s'insinue jusqu'à un certain point, en principe corrupteur dans les agents de la production de l'ordre matériel; ou, en d'autres termes, que l'élément du mal exerce aussi une puissance créatrice dans la nature, c'est une chose que l'on ne saurait révoquer en doute, et qui n'a d'ailleurs rien d'opposé à la révélation. Il n'y a qu'une précaution à prendre quand on se représente l'action désastreuse du malin esprit sur les éléments physiques : c'est de la renfermer dans de certaines bornes, car celui à qui tout est soumis a, dans sa sagesse, assigné des bornes à son influence ennemie, et son intervention est toujours subordonnée à une permission divine.

Une remarque très-importante pour l'intelligence de l'ordre divin dans le monde extérieur, c'est de ne plus nous représenter la nature comme un livre dont le texte de Dieu se soit conservé pur et exempt d'altération, tel qu'il sortit des mains du Créateur. Cette observation ne doit point passer inaperçue. C'est aussi pour cela que j'insistais si fortement sur ce passage du récit mosaïque de la création : « Que la terre » produise, etc. » Ces quelques paroles nous avertissent de ne point attribuer indistinctement à la sagesse du Créateur cette foule de productions terrestres, depuis que la nature, si dégénérée de sa nature primitive et souvent malade, est soumise à l'influence de puissances ennemies.

Plusieurs écrivains, animés du reste de la louable intention de démontrer l'ordre divin dans la nature et de la défendre contre les objections et la témérité de l'esprit humain, se trompent en ce qu'ils font dériver rigoureusement leurs assertions hasardées de vues beaucoup trop étroites, ne tenant point compte de ces paroles de Moïse, si propres cependant à nous faire pénétrer dans les secrets de la création extérieure. Il arrive par là qu'ils suscitent contre la bonne cause, dont ils se constituent les défenseurs, plus de doutes qu'ils ne lui rendent de services.

Le moyen le plus efficace pour dissiper le doute et détruire les difficultés qu'une science superficielle ou une curiosité sympathique peuvent élever sur l'économie de la création, c'est de consulter la nature dans la cause finale de son existence, et de l'interroger dans sa triple destination. Il a été dit plus haut déjà qu'il faut la regarder comme un pont de salut jeté sur l'abîme de la mort éternelle; pont, que nous ne devons point toutefois assimiler à ceux qui sont l'ouvrage des hommes, car c'est le pont infiniment varié de la vie, se divisant en nombreuses branches qui se ramifient sans fin, et n'offrant souvent que l'aspect d'un étroit sentier d'où le premier faux pas peut nous précipiter dans l'abîme.

Deuxièmement, la nature, envisagée dans son progrès et son expansion indéfinis, nous présente encore l'idée d'un foyer de régénération, foyer d'où la vie rayonne de nouveau dans les formes les plus variées.

C'est, en troisième lieu, l'échelle glorieuse de la résurrection, laquelle s'élèvera jusqu'au dernier degré de la clarification terrestre. La magnificence de sa structure extérieure, et toutes ses formes organiques, sont comme autant de présages de la mission qu'elle a à remplir sous le rapport de la résurrection, tandis que c'est dans ses propriétés intrinsèques que réside le principe fécond de la renaissance.

La nature, et nous avons à cet égard tous les motifs de croyance désirables, fut, dans son origine, un paradis, un séjour de délices destiné aux esprits bienheureux créés antérieurement, ainsi qu'au fils premier-né de la lumière; mais nous savons aussi qu'elle est bien déchue de ce premier état, et que l'homme lui-même a été exclu des douces régions de la félicité. Les beautés et les charmes que l'on retrouve encore répandus par intervalles sur la terre ne sont plus que des traces fugitives de l'innocence primitive du paradis ; ou bien encore elles sont, si l'on veut, les derniers retentissements d'un accord, d'une harmonie partie d'un monde plus pur, et réveillant en nous le pénible souvenir de l'heureuse enfance de la création.

Mais l'irruption de la puissance des ténèbres et des esprits malins a apporté dans la nature la ruine et la désolation. On appelle paradis le jardin de délices où fut placé le premier homme, avec la mission de le cultiver et de le garder; séjour plein de charmes, infiniment plus merveilleux, plus pur et plus vivant que tout ce que notre globe offre de plus beau, de plus magnifique, de plus céleste, si l'on veut, dans ses contrées les mieux privilégiées. Cependant la dénomination de paradis ne s'appliquait qu'aux lieux immédiatement circonvoisins de la demeure du premier homme, à cette partie de la terre baignée par quatre fleuves, et objet de la prédilection et des bénédictions toutes spéciales du Créateur. Le reste du globe ne participait point à ces célestes propriétés; autrement comment le serpent eût-il pénétré dans le monde? Car c'est une opinion très-vraisemblable qu'il s'était déjà insinué dans la création dès l'origine de celle-ci. Peut-être entrait-il dans la mission de l'homme de propager, du centre où il était placé, dans toutes les régions de la nature et sur tous les points du globe, les délices de la prospérité dont était doué le paradis. Au lieu de faire subir à la terre cette sublime transformation, le premier homme a perdu ses hautes prérogatives d'une nature spécialement privilégiée, et les a fait perdre au lieu de bénédiction et de félicité qu'il habitait.

On montre toujours les quatre fleuves du paradis terrestre dans les contrées de l'Asie qui, de nos jours encore, sont en partie l'objet de bénédictions particulières, et que l'histoire nous apprend avoir été habitées dès l'antiquité la plus reculée ; mais quant à la source de ces fleuves, elle a disparu à jamais, et l'on peut dire que, par la perte du paradis, tout, dans l'homme lui-même et sur la terre, a subi une déplorable transformation.

Le moyen de sortir de l'état de dégradation et de maladie dans lequel est tombé le monde sensible, ce moyen qui ne peut être que les lois de l'économie divine qui régissent la nature, nous est indiqué par la cause finale de la création extérieure.

Ce n'est que dans la destination de la nature et dans les diverses tendances des puissances dont elle est douée, que l'on peut chercher et trouver une réponse à celles des nombreuses questions sur la nature qui soient susceptibles de solution, questions que soulève non-seulement la curiosité de l'entendement, mais encore une certaine sympathie inquiète de l'âme qui, partagée entre des pressentiments tantôt sombres, tantôt sereins, ne sait si elle doit se livrer au doute ou à l'espérance.

C'est avec réflexion que j'ai dit : A celles des nombreuses questions susceptibles de solution ; car, que l'on puisse les résoudre toutes, c'est ce que ne permettent ni les limites étroites qui circonscrivent encore nos sciences, ni la brièveté et la faiblesse de notre vie terrestre. Il y aurait là un résultat bien supérieur à la nature et à la marche ordinaire des choses humaines. Une exposition complète et trop systématique de l'ordre divin établi dans la nature, l'expliquant jusque dans ses plus petits détails et satisfaisant à toutes les objections, me paraîtrait suspecte par cela seul, et ne m'inspirerait aucune confiance. Il y a, dans la création, une foule de choses qui longtemps encore resteront obscures et cachées pour nous; il en est une foule d'autres que nous ne connaîtrons que lorsque nous aurons franchi les dernières limites de la vie, quand, placés sur l'une des deux voies de l'éternité, la mort nous aura ouvert les yeux.

Mais il n'en est point ainsi du commencement et de la fin de la nature. Ces deux points sont intelligibles pour nous, pourvu que, les observant au jour de la révélation, nous les rapportions à Dieu. Si cependant nous les isolions de la vérité révélée, si nous perdions de vue les rapports qu'ils ont avec le Créateur, alors tous les efforts de l'entendement, pour en pénétrer le sens, n'arriveraient jamais qu'à des résultats vains et absurdes.

Voilà pourquoi, chose singulière en apparence, nous comprenons beaucoup mieux le but de la création en général, que nous ne nous rendons compte de la fin d'une foule d'objets de détail qui ne peuvent paraître qu'insignifiants, si on les compare à l'ensemble de la nature. Dans le premier cas, l'entendement est conduit par la lumière divine elle-même; dans le second, il est abandonné à ses conjectures. Le flambeau prophétique des sciences naturelles, dont les fouilles sont si actives, peut bien pénétrer, jusqu'à un certain point, les cavités et les sombres détours des voies souterraines du monde des sens; mais ses rayons, supposé encore qu'ils aient été empruntés en partie à une lumière supérieure, sont insuffisants pour tout éclairer, dans ce gouffre des ténèbres.

Le but de la création, tel que nous le comprenons, sera porté au dernier degré d'évidence, si nous le comparons à la fin que la raison, dans ses efforts isolés, est réduite à lui assigner. Si nous appliquons au Créateur du monde la proposition citée plus haut et empruntée à un de nos derniers philosophes de l'Allemagne, proposition selon laquelle l'essence de l'esprit consiste dans la négation d'un contraire, nous serons aussitôt conduit au résultat suivant, savoir : que le contraire de Dieu ou du Créateur est le néant. Ces paroles n'ont rien d'opposé à la vérité, en tant qu'elles servent à affirmer que Dieu à créé le monde de rien ; car si, à l'exemple de quelques philosophes anciens, on voulait admettre l'éternité de la matière dont l'entendement divin aurait formé plutôt qu'il n'aurait créé le monde, alors, au lieu d'un Dieu infiniment parfait et se suffisant à lui-même, nous serions amenés à en admettre deux, et tous deux finis et imparfaits. Si, au contraire, on veut nous dire par ces mêmes paroles que Dieu n'est que le *non-néant*, que le but de la création est la négation du néant, dès lors on ne peut éviter cette conséquence, savoir : que le néant a une espèce de réalité imaginaire, et que Dieu a créé le monde pour le détruire ou pour échapper au vide éternel : ce qui reviendrait à dire, pour me servir de l'expression téméraire de Lessing, que Dieu a créé le monde dans un moment d'ennui. C'est ainsi que toujours les vues sceptiques et les négations du creux idéalisme aboutissent à l'absurde.

C'est un fait que Dieu a créé le monde par amour, et je dirai même par un excès d'amour. Car comment expliquer l'existence du monde autrement que par un excès d'amour de la part du Créateur? Celui-ci, infiniment parfait, se suffit à lui-même; il n'a besoin ni de la création ni de l'amour des créatures; il trouve les conditions de son infinie félicité dans son essence même, où un abîme d'éternel amour en invoque toujours un autre. Et cependant, malgré les sources intarissables de son infinie félicité, il a créé le monde par un excès d'amour; il veut être aimé de ses créatures, c'est pour cette fin qu'il les a formées; et pour pouvoir posséder leur amour, il les a créées libres; les esprits et l'homme aussi ont été doués d'un libre arbitre. C'est précisément dans cet excès d'amour qui, de la part de Dieu, a déterminé la création, c'est encore dans l'amour qui, de la part des créatures, doit être la fin de la création, qu'il faut chercher le secret des rapports de Dieu avec les êtres créés et surtout avec l'homme, et réciproquement.

Il y a peut-être dans cette disposition du Tout-Puissant qui exige l'amour d'une créature faible et imparfaite, de quoi inspirer à celle-ci une sorte de frayeur; mais n'importe, la chose est ainsi, il nous a créés libres, et il demande de nous que nous l'aimions. Souvenons-nous, au reste, que nul être fini n'est libre qu'autant que Dieu le laisse jouir de sa liberté, et il en jouit à peu près comme l'enfant dont nous parlions ailleurs, et que sa mère, pour lui apprendre à marcher, abandonne à lui-même pour un instant. Aucune créature ne serait libre, si Dieu, après lui avoir donné la première impulsion par l'acte de la création, ne se retirait en quelque sorte en suspendant l'action de sa toute-puissance; autrement, si l'amour créateur ne paralysait les effets de la puissance, écrasée sous le poids de l'influence divine, la créature serait à jamais privée de l'exercice du libre arbitre.

Nous pouvons maintenant distinguer, dans l'Être divin, entre l'entendement et la volonté, entre la toute-science et la toute-puissance; mais gardons-nous de séparer ces divers attributs, parce que, comme tout ce qui est en Dieu, ils se résument en un même acte. Ainsi un pointilleux dialecticien nous proposerait une question vide de sens, s'il nous demandait pourquoi Dieu a créé les esprits devenus malins, puisqu'il prévoyait qu'ils failliraient et se perdraient éternellement. C'est, de notre part, une illusion logique que de prêter à Dieu notre façon de penser, toujours flottante entre le possible imaginable et l'apparence de la nécessité. Notre liberté, à nous, consiste dans l'option entre deux ou plusieurs possibilités, et elle a pour champ d'exercice l'intervalle indéfini du possible, placé entre une nécessité et une autre. Mais il n'en est point ainsi de la liberté de Dieu; car en lui il n'y a ni pure possibilité, ni nécessité absolue; tout est réalité, tout est vivant et positif pour l'Être infini. Sa liberté consiste dans le suprême affranchissement en vertu duquel il se délecte dans la plénitude de son être, et y trouve de quoi se suffire à lui-même, sans y être contraint par aucune loi nécessaire. S'il en était autrement, Dieu serait l'être inflexible du destin, plutôt que le Dieu vivan et libre. C'est à cette erreur qu'ont abouti les doctrines des Stoïciens. Dans un système représentant la Divinité comme enchaînée par une force intérieure nécessitante, il serait bien difficile de concilier avec cette idée de nécessité la création du monde, si manifestement contradictoire à la faculté qu'a Dieu de se suffire à lui-même.

Aussi plusieurs penseurs rationalistes des anciens temps, pour n'avoir point évité le piége de la nécessité dans la notion de Dieu, se virent logiquement réduits à attribuer la création à un esprit subalterne, à une divinité secondaire, à un démiurge qu'ils plaçaient bien au-dessous du Dieu infiniment parfait et souverainement indépendant. C'est ainsi que le plus souvent on tombe d'une première erreur dans une seconde encore plus grande et plus monstrueuse. La doctrine funeste d'une prédestination absolue de la part de Dieu, laquelle nous conduit droit au fatalisme païen, ne peut avoir son principe que dans une illusion logique et dans l'application des conditions de notre chétive pensée à l'entendement infini de l'Être omniscient.

Nous en avons assez dit sur la matière ardue de la liberté des esprits créés et de celle de l'homme, liberté que nous n'avons considérée que sous le point de vue philosophique dans les rapports avec la création générale, sans tenir compte de son côté moral. Au reste, souvenons-nous que la question de la liberté n'est épineuse que parce que notre imagination ne pouvant s'élever au-dessus de la portée des spéculations de notre impuissante raison, toujours nous croyons voir réalisés en Dieu les rêves de notre logique, et bien que nous reconnaissions la faillibilité de la pensée humaine, notre entendement reste sans cesse, et sans le savoir ; embarrassé dans les entraves du raisonnement.

Si la formation d'êtres libres a sa raison toute naturelle dans l'amour de Dieu, lequel est le terme de la création, nous pouvons dire aussi que le pouvoir accordé ici-bas à l'empire du mal est une conséquence toute simple de la liberté dont doivent jouir, pendant un temps déterminé, les êtres qui en ont été doués. En effet, la liberté dans ses rapports avec Dieu, avec l'avenir ou bien avec l'immortalité de l'âme, n'est que le temps d'épreuve et l'état d'épreuve lui-même auxquels les créatures sont soumises. Si l'on demandait donc pourquoi Dieu n'anéantit point par un regard foudroyant, par le souffle de sa toute-puissance, toute la légion des esprits rebelles avec leur chef le prince du monde, afin de purger la création sensible de leur influence dévastatrice, on pourrait répondre simplement que la mission de l'homme ici-bas est de combattre, et que l'heure de déposer les armes n'a pas encore sonné; que le développement de la nature ne doit être ni précipité ni suspendu dans la marche qui la conduit à la clarification finale, mais que le progrès doit en être libre jusqu'à l'époque où, pour parler le langage de la révélation, un nouveau ciel et une nouvelle terre seront préparés, et où toutes choses seront consommées.

L'homme est libre, mais la nature, le monde matériel est tout à fait inachevé et très-éloigné du terme de son complément. Aussi serait-il pour nous un problème indéchiffrable, si l'immortalité de l'âme, qui est comme la clef de voûte de la création, ne nous en donnait la solution. En effet, comment comprendre le commencement de la nature, si on ne l'envisage dans ses rapports avec sa fin et le terme de son développement? Et l'existence de l'homme sur la terre, comment se l'expliquer, si l'on perd de vue la vie éternelle qui en sera le complément?

Outre qu'il nous explique la latitude accordée à l'action du mal dans ce monde, l'état d'épreuve auquel sont soumises les créatures libres nous donne encore la raison des souffrances qui pèsent sur l'humanité. Il n'y a point de souffrances inutiles, pour l'être libre, ni en deçà ni au delà du tombeau. Ou bien elles sont pour l'homme autant d'occasions d'épreuves, d'exercices et de progrès dans la vertu, dans ce séjour terrestre ; ou bien elles servent à purifier l'or de son âme de toutes les scories qui en ternissent l'éclat, et à la guérir de ses infirmités. Telle est la condition de la nature humaine, que presque jamais ni le vice, ni les germes de maladies, dans l'ordre physique comme dans l'ordre moral, n'en peuvent être extirpés sans combat et sans douleur. Disons donc que de même que le feu éprouve l'or, de même aussi les souffrances purifient l'âme. Cette croyance ne devrait jamais devenir l'objet du moindre doute, étant si conforme au simple sentiment de l'homme ; car, autrement, combien seraient réduites nos espérances pour l'avenir, puisque nous savons que rien de tant soit peu souillé ne pénétrera dans le ciel, et que rien d'impur ne jouira de la présence du Dieu de toute sainteté.

En parlant de l'espérance éternelle de l'homme, disposition si douce et si consolante d'un cœur aimant, mon but ne saurait être de la mettre en discussion ; car ce serait m'écarter de la voie de mes idées, mais j'en prendrai l'occasion de faire remarquer que, par ces paroles de l'Évangile : « Il y a plusieurs demeures dans la maison de mon père, » le Sauveur des hommes entend surtout parler du séjour des cieux, et que, par conséquent, encore qu'en ce qui touche à l'éternité nous devions nous abstenir de tout jugement précipité, il faut admettre, selon toute la signification des termes, dans le monde éternel comme dans le monde temporel, des places et des rangs de divers degrés.

Mais bornons-nous à reconnaître ce fait, et n'allons pas plus loin. Si nous voulions déterminer la différence qu'il y a entre ces diverses demeures, si nous voulions préciser la ligne qui les sépare avec la même exactitude que l'on distingue le blanc du noir, à coup sûr nous ne rencontrerions pas la vérité ; car j'ai la conviction que dans tous les cas analogues, lorsque nous voulons procéder dans nos spéculations avec une rigueur physique, nous nous laissons entraîner par une de ces illusions si communes de notre esprit, qui nous portent à vouloir soumettre l'univers entier à la mesure de notre raison. Disons donc encore une fois, pour nous résumer, que toutes les souffrances et toutes les douleurs, en deçà comme au delà du tombeau, sont des occasions d'exercices, des moyens de fortification, de guérison et de purification, ménagés à l'être libre, dans la voie de la perfection. Je n'en excepte que l'unique malheur par excellence, celui d'être à jamais abandonné à soi-même, la mort éternelle; toutefois on retrouve ici encore une sorte de conformité au même but, quoiqu'il soit d'un ordre inverse et dénué de toute espérance de salut.

Comme la tâche de la philosophie se borne à ne toucher que les points polaires dans la science de la nature, points qui, à proprement parler, renferment tout le sens et tout le mystère de la création, abandonnant volontiers à la physique proprement dite, tout l'espace intermédiaire du développement de la vie, il convient, après nous être occupé du paradis terrestre, séjour de délices dont Dieu honora l'innocente enfance du genre humain, de dire un mot de la région des ténèbres extérieures, comme étant l'extrême opposé à la lumière primitive dont jouissaient les esprits avant leur révolte, et l'homme aussi avant sa chute.

Les tableaux que nous en tracent non-seulement les peintres et les poëtes, mais encore quelquefois les orateurs eux-mêmes, sont si imparfaits dans leur ensemble, les couleurs y sont si crues, qu'ils présentent un effet assez invraisemblable, et ne font la plupart du temps que de très-faibles impressions.

Nous ne pouvons, ce me semble, nous représenter plus exactement les dispositions morales et spirituelles des malheureuses victimes des ténèbres extérieures, mises au ban de l'empire de la vérité, sur les extrêmes confins de la création, qu'en nous servant d'une comparaison simple, empruntée à la vie ordinaire. Ce n'est que très-difficilement que, dans la société, un père se résout à chasser de sa maison et à déshériter judiciairement, son fils premier-né et chéri, mais foncièrement perverti et dépravé, et si l'on pouvait supposer qu'un père terrestre fût précipité, dur ou injuste dans ses mesures de sévérité, au moins pouvons-nous dire hardiment que le Père céleste, dont la bonté surpasse tout ce qu'il y a d'amour paternel sur la terre, ne procède qu'avec la dernière indulgence dans ses jugements à l'égard de ses enfants. Supposons donc qu'un père en soit venu à cet extrême degré de rigueur à l'égard de son fils. Celui-ci, déshérité, expulsé du sein de la famille, tombe entre les mains d'une bande de brigands qui, la nuit, rodent autour de la maison de son père pour chercher à y pénétrer. Il ne lui reste d'autre choix que celui de se faire brigand aussi ; qu'il le veuille, qu'il ne le veuille pas, il faut qu'il suive le chef de la bande. Mieux élevé qu'eux et plus délicat de nature, il aura bien des mauvais traitements à endurer avant d'arriver au même degré d'insensibilité que tous ses compagnons, meurtriers dès leur enfance, et desquels il n'est regardé qu'avec dédain et mépris. Cet exemple doit nous apprendre qu'avant qu'un homme réprouvé de Dieu soit arrivé au fond de l'abîme pour être transformé en esprit mauvais, il a bien des degrés à descendre, et que ce n'est qu'avec une douloureuse répugnance qu'il cède au prince des ténèbres. Telles sont les dispositions qui font le caractère essentiel sous lequel il faut se représenter les tourments infinis du damné. Si, du reste, on représente souvent la mort éternelle comme un feu inextinguible, c'est qu'il y a dans cette idée, malgré peut-être l'imperfection de nos images figuratives, quand nous les appliquons aux choses de l'autre monde, il y a, dis-je, un fond de vérité, constatée par l'expérience même des choses de la nature; en effet, le feu est, à proprement parler, l'élément de la destruction; il consume toutes les fois qu'il agit isolément et à l'état élémentaire. Dans la douce influence du soleil, dans le sang des êtres animés, son action est tempérée et modifiée pour produire la chaleur bienfaisante de la vie; mais toutes les fois qu'il est abandonné à lui-même, sa force est consumante; et voilà pourquoi il résiste si facilement aux autres éléments. Toute vie se tourne vers la lumière, c'est par l'air qu'elle respire, l'eau lui fournit une partie de sa substance nutritive; si l'air et l'eau donnent la mort, ce n'est que par accident; mais pour le feu, il est destructeur par essence. Un être animé bien organisé, vivant au milieu des flammes, serait un spectacle qui nous glacerait d'effroi, parce qu'il serait en dehors des lois connues de la nature. C'est en partant de cette propriété essentiellement délétère du feu, que plusieurs philosophes anciens ont enseigné que la fin du monde s'opérerait par un embrasement universel.

L'existence du mal dans la nature est donc étroitement liée à la liberté. Quoique nous puissions regarder comme un fait la création d'êtres libres, tels que les esprits et l'homme, cependant ayons soin d'éloigner de l'acte divin toute idée de contrainte et jusqu'à l'ombre de la nécessité, comme si Dieu n'eût créé des substances libres que parce qu'il n'a pu en créer d'autres. Il y aurait en cela une erreur très-grave : car qui pourrait, qui oserait poser des bornes à sa toute-puissance ? Et c'est là pourtant ce qui arrive toutes les fois que l'on conçoit cette question d'une manière trop systématique ou purement logique. Dieu n'a-t-il pas pu, dans son infinie vertu, créer des substances, des puissances animées et vivantes, mais dépourvues de liberté et privées de la faculté de se déterminer elles-mêmes, et ayant besoin par cette raison de la direction d'un esprit modérateur, créé lui-même. C'est sous cette notion qu'il est parlé de certains esprits de la nature, c'est-à-dire de certaines substances spirituelles réduites à l'état élémentaire, substances que l'on nous représente comme ayant été d'abord distraites de leur fin première et prises en possession par la puissance du mal ; mais affranchies ensuite, elles sont rentrées en rapport avec Dieu, et se sont soumises à lui de nouveau. Remarquons, en passant, qu'ici comme partout ailleurs l'éternelle vérité nous présente la nature sous l'aspect d'un champ de bataille où des puissances invisibles se livrent la guerre ; c'est le terrain encore litigieux que se disputent avec acharnement les bons et les mauvais esprits. Dieu, pour dérober les créatures au danger de la liberté et à la contingence d'une chute, ne pourrait-il pas les élever soudain au faîte d'une sainteté parfaite et les renfermer dans le sein de son amour ? Jusqu'ici, toutes les fois que, pour mettre en évidence le côté caractéristique de la conscience humaine, je la mettais en regard avec les facultés de l'entendement et de la volonté des esprits créés, j'ai toujours pris les purs esprits, les génies ou les anges pour terme de comparaison ; et pourtant serait-il opposé aux perfections divines d'admettre qu'outre ces nobles intelligences qui occupent les premiers rangs dans la hiérarchie des créatures, il existe encore d'autres substances spirituelles douées d'organes physiques et d'une âme immortelle capable de la notion de Dieu, et se présentant sinon sous des formes extérieures analogues à celles de l'homme, du moins avec le corps d'un bel animal ? Pour nier cette possibilité, il faudrait pouvoir prescrire des bornes à la puissance du Créateur. Supposons maintenant que ces mêmes substances, si elles existent, aient été créées dans un état de sainteté parfaite et à l'abri de tout danger de défection ; dès lors nous concevons aisément que, malgré l'infériorité intrinsèque de leur nature, elles se trouvent, à raison de l'excellence de leur condition, dans une élévation relative qui les tient bien au-dessus de l'homme, si imparfait dans sa nature dégradée ; et ils touchent plutôt au monde des esprits, qu'au monde des hommes.

Ce ne sont point ici, comme on pourrait le croire, des conjectures faites au hasard ; ce sont, au contraire, des questions fondées que j'effleure seulement, et dont la solution pourrait servir à expliquer certaines données, certains points de la révélation. Supposons enfin, et notre hypothèse semble être appuyée de plusieurs paroles de l'Écriture sainte, que Dieu ait, avant toutes choses, créé une substance plus parfaite que toutes les autres et spécialement destinée à être l'image de son être, image où il puisse, comme dans un miroir, contempler ses infinies perfections ; alors nous aurons trouvé la raison de l'ancienne expression de l'âme de Dieu, qui, envisagée sous ce point de vue, présente un sens moins choquant. Dans tous les cas, cette créature, planant sur tout le monde des esprits créés, ne pourrait avoir que la nature de l'âme, et devrait être considérée comme un être plus passif qu'actif. La nature spirituelle, si elle la partageait, la mettrait en contact trop immédiat avec Dieu lui-même.

D'un autre côté, il s'entend de soi-même que, dans cette hypothèse, il ne faut jamais perdre de vue l'immense distance qui sépare le Créateur de la créature, à quelque degré que se trouve élevée celle-ci, ni qu'on ne peut en aucune façon appliquer la dénomination d'âme de Dieu soit à la deuxième soit à la troisième personne de la Trinité divine. Une pareille méprise entraînerait une subversion grave dans la notion de la divinité. Mon but a été, par toutes ces suppositions, de donner une idée de l'abîme inépuisable de vérités contenues dans l'Écriture sainte.

Il faut surtout, en philosophie, quand il s'agit des œuvres de Dieu, tenir fortement à un point, c'est qu'on ne peut jamais se faire une idée assez vaste de la grandeur et de la liberté, de la richesse et de la variété de la création. Ici encore la vérité trouve presque toujours la mort dans des conceptions étroites et systématiquement compassées. Cet inconvénient se renouvelle toutes les fois que, comme nous l'avons déjà dit, pour juger les choses divines, nous leur appliquons l'inflexibilité de notre logique, en admettant encore que la raison humaine, avec ses procédés sévères, rencontre quelquefois juste. Cependant combien de choses restent inaperçues de l'un et de l'autre côté de la ligne rigoureuse qu'elle suit, et dont il ne lui est presque pas possible de dévier !

Pour terminer la série de nos hypothèses sur la création, l'on me permettra de rapporter une opinion peu connue et que, si je ne la trouvais garantie par les hommes les plus propres à faire autorité dans cette partie scabreuse de la science, j'oserais à peine citer, persuadé que je suis qu'en ce qui touche aux régions si peu connues du monde des esprits, il faut s'en tenir aux vérités capitales et ne pas trop arrêter notre attention aux simples opinions. Elle se trouve dans saint Jérôme, ce père de l'Église que l'on peut regarder à peu près comme le premier sous le rapport de l'exactitude théologique. Nous la lisons aussi dans saint François de Sales, l'homme de l'amour divin et dont, par cela même, la profondeur du regard philosophique surpasse de beaucoup la portée de la dialectique d'une foule de scolastiques qui l'ont précédé et d'une multitude de théologiens qui l'ont suivi. Enfin Leibnitz, philosophe si distingué entre tous les savants, par la finesse de son tact intellectuel, l'admet aussi ; nous la retrouvons jusque dans les liaisons les plus cachées d'un système grandiose qui lui est dû, bien que les pensées lui en soient en partie étrangères. Voici l'objet de ce sentiment que l'on ne peut guère proposer que sous une forme problématique, parce qu'il ne se rapporte qu'indirectement à l'ordre positif de la foi : c'est que, pendant la révolte des esprits rebelles, pendant que les anges bons et restés fidèles se rattachaient plus fortement au Créateur, il y eut un nombre considérable d'esprits qui, irrésolus et balançant entre le parti de la fidélité et celui de la rébellion, gardèrent pour me servir d'une expression humaine, la neutralité dans le combat, et qui pour cette raison perdirent leur rang dans la hiérarchie des troupes célestes, sans être néanmoins compris dans l'anathème de la réprobation absolue des mauvais anges. J'aurais pu donner à cette opinion une quatrième garantie et citer l'autorité du Dante ; c'est un poëte, il est vrai, mais un poëte théologien, et théologien savant, qui ne se fût jamais permis d'imaginer ou d'inventer quelque chose de ce genre, et même ne l'eût jamais admise, s'il ne l'eût trouvée revêtue de tous les caractères d'une autorité non suspecte. Au reste, en sa qualité de franc gibelin, il ne pouvait être l'ami de la neutralité, ni en ce monde, ni en l'autre. Aussi prononce-t-il, contre ces êtres que le ciel repousse et que l'enfer ne veut recevoir, l'arrêt le plus sévère de réprobation. Quelles seraient les conséquences à tirer de la question de ces esprits irrésolus, si on l'examine avec tout le calme d'un coup d'œil philosophique? Dans quels rapports leur incertitude les a-t-il placés à l'égard de l'économie primitive de la création et vis-à-vis de la justice divine, si pleine de bonté? La première pensée qui se présente, c'est qu'ils ont dû être soumis à une seconde épreuve, semblables à une troupe de guerriers qui, ayant montré peu de courage dans une circonstance malencontreuse, sont reconduits au combat, par l'ordre du général, dans une position nouvelle. Elle servirait aussi à expliquer l'idée de la préexistence des âmes, supposé qu'il y ait quelque liaison entre un souvenir traditionnel de ce genre et les doctrines si arbitraires, et pourtant si universellement répandues, des Indiens sur l'origine de l'âme, doctrines que nous retrouvons dans l'école de Platon, et même dans quelques platoniciens chrétiens des premiers siècles de l'Église. Je les nomme arbitraires, ces doctrines : c'est qu'en effet ce ne sont que des hypothèses dépourvues de fondement et nullement conformes à la nature des choses, en sorte que la préexistence des âmes, n'eût-elle lieu que pour un seul cas particulier, ne pourrait jamais être conçue que comme un fait dérogatoire aux lois de la nature. L'idée de la préexistence des esprits n'est pas plus heureuse; car, par leur réunion ultérieure avec les âmes, ils changeraient de condition et formeraient avec celles-ci des êtres d'un nouvel ordre. Au surplus, dans cette étrange hypothèse, telle qu'elle est développée dans les doctrines indiennes et dans la philosophie platonique, le caractère et la fin véritable de la vie humaine sont complétement méconnus; car on y regarde notre monde comme un lieu, comme temps de châtiment, au lieu de le considérer tel qu'il est réellement, même aux yeux de la philosophie, comme un champ de bataille, comme un temps d'exercices et de préparation pour l'éternité.

La tâche de la philosophie ne consiste point exclusivement dans une exposition simple et claire de la vérité. Elle doit encore, lorsqu'elle le peut sans de trop grandes difficultés, rendre compte, en passant, des erreurs les plus remarquables qui ont régné, surtout chez les peuples anciens. Parmi les erreurs les plus graves que l'histoire nous signale, j'avoue que celle des Indiens et des platoniciens occupe, à mes yeux, une place particulière. Mais pour rendre compte d'une erreur, il ne suffit pas de la rejeter en peu de mots comme absurde ; il faut au contraire la comprendre, la pénétrer jusqu'à un certain point, en découvrir le sens le moins altéré, c'est-à-dire celui qui s'éloigne le moins de la vérité, puis enfin, marquer profondément le point où commence le faux et où le vrai se corrompt.

Laissons maintenant rentrer dans leur repos toutes ces hautes conjectures sur le monde des esprits. Je ne les ai produites au jour que pour mieux faire ressortir la prodigieuse variété de la création, et pour jeter plus de lumière sur le thème si riche de l'immortalité de l'âme ; car elles offrent à cet égard des aperçus qu'il n'est pas sans intérêt d'examiner.

Pendant les temps qui viennent de s'écouler, au lieu de la métempsycose indienne, telle que nous la connaissons maintenant d'après des données certaines, et qui est une idée bien trop sérieuse et trop sombre pour mériter créance et approbation de la part des esprits de notre époque ; au lieu, dis-je, de ces pensées graves, on a fait passer l'immortalité de l'âme dans le monde romantique ; on a cherché, avec les couleurs les plus vives, à nous dépeindre la vie immortelle comme une espèce de promenade sidérale d'une étoile à une autre.

Bien loin de trancher si légèrement une question de cette importance, ne serait-il pas plus raisonnable et plus rationnel en même temps que l'homme, au lieu d'aller aussitôt se volatiliser dans le ciel étoilé, arrêtât d'abord ses regards sur la terre, lieu de son habitation, et qu'il prît la nature sensible pour l'objet de ses recherches, de son examen et de ses conjectures ? Peut-être trouverait-il tout près de lui ce qu'il va chercher si loin. Peut être notre planète renferme-t-elle déjà, dans son intérieur, plusieurs des sombres souterrains et des prisons cachées de la mort éternelle, en même temps qu'elle recèle la semence lumineuse de la résurrection future.

Je me réserve de toucher de nouveau cette question en un autre lieu. Je n'ajouterai plus qu'une chose pour terminer cette leçon. Plusieurs fois nous avons envisagé la nature, dans son expansion vivante, comme une échelle immense devant un jour toucher jusqu'aux confins de la vie éternelle. Elle présente encore, sous le point de vue scientifique, une succession de progrès qui donne l'idée d'une nouvelle échelle, et dont je vais, dans l'intérêt de l'esprit humain, signaler les degrés. Le premier de ces degrés, c'est la connaissance de la partie de la nature avec laquelle nous sommes en relations immédiates, je veux dire la terre, demeure de l'homme, mais demeure dont plusieurs parties lui sont inconnues. Le deuxième degré consiste à se représenter la nature en général, telle qu'elle est sous les conditions actuelles de son existence, c'est-à-dire comme un champ de bataille, comme un terrain litigieux, et toujours disputé entre les puissances et les esprits bons et les mauvais. Il serait d'autant plus important de bien se pénétrer de cette pensée, que la lutte entre le génie du bien et le génie du mal semble se ranimer avec plus d'acharnement. Le troisième degré de cette échelle est la compréhension sublime par laquelle l'entendement ne voit dans la création extérieure que le voile du monde invisible, voile magnifique, orné d'images et d'hiéroglyphes. Et puisque la nature n'est qu'un être symbolique, il est permis, lorsqu'on parle de sa vie, de ses propriétés intrinsèques, en un mot de tous ses caractères cachés, c'est-à-dire lorsqu'on la conçoit philosophiquement plutôt que physiquement, il est permis, dis-je, de revêtir les idées qu'on en détache d'expressions symboliques, et de se servir du langage si riche et si vivant des comparaisons.

LEÇON VII.

De l'ordre divin dans l'empire de la vérité et de la lutte de notre époque avec l'erreur.

MESSIEURS,

Dieu est un esprit de vérité. Aussi, dans le royaume de la vérité, l'ordre divin qui y règne, et la loi de l'éternelle sagesse qui le gouverne, brillent-ils d'un éclat particulier, plus pur que l'espèce de clair-obscur dont le jour, dans plusieurs des régions de la nature, est trop faible pour dissiper les ténèbres qui nous en dérobent la connaissance. Néanmoins, malgré cette abondance de lumière, l'homme ne s'avance que graduellement dans ce royaume. Formé du limon de la terre dont il est le fils premier né, placé dans le sein même de la nature dont il est le roi terrestre, l'homme est, par cette raison, même dans l'étude de la vérité, soumis à toutes les conditions du développement de la vie physique. Sa capacité intellectuelle, faible d'abord, ne s'agrandit et ne se fortifie que par une succession de degrés dont il ne saurait omettre ni négliger aucun, sans s'exposer aux plus déplorables conséquences. Dans l'éducation de l'individu, déjà nous voyons le progrès intellectuel marcher de pair avec le développement corporel. Dès que l'enfant commence à manifester quelque disposition pour l'étude, on cherche d'abord, par des procédés simples, faciles et vivants, à régulariser et à provoquer les faibles efforts de son intelligence naissante; on s'attache à en exercer les facultés et à les fortifier, en leur distribuant avec discernement la quantité de nourriture spirituelle qu'elles comportent. Sous le point de vue moral, les soins pédagogiques se bornent, dans ces premiers moments, à faire contracter à l'élève de bonnes habitudes, et à le tenir éloigné de toute espèce de contagion du mal. Pour les maximes de la morale, il ne saurait encore en être question à cet âge. Mais il n'en est plus de même pour l'adolescent. Si, à cette époque si décisive pour la destinée de l'homme, on ne s'efforce, par les leçons de la sagesse, par des maximes de conduite, à former le cœur, à développer les sentiments nobles et à fortifier le caractère moral, en même temps que l'intelligence s'exerce et s'enrichit par la culture des sciences, on commet une omission qui ne pourra être réparée qu'avec la plus grande difficulté. Cette période de l'éducation est-elle terminée, alors, mais alors seulement, l'esprit du jeune homme a atteint l'âge de l'émancipation. Libre dans ses mouvements, il marche seul dans l'empire de la science et se répand sans guide dans la vie extérieure, pour y subir les rudes épreuves de la pierre de touche de l'expérience.

Ce que nous venons de dire de l'éducation du jeune âge s'applique également à l'éducation du genre humain. La raison sociale ne se forme que par une marche progressive analogue. Telles sont les véritables périodes de perfectionnement que, vu les conditions actuelles de sa nature, la conscience humaine a à parcourir dans l'individu en particulier, comme dans l'espèce en général. On commence par éveiller et ouvrir le sens intellectuel; puis on dirige les puissances de l'âme vers le bien et on l'élève vers les choses divines. Mais ici l'intelligence ne doit point se borner à une stérile contemplation ou au coup d'œil de l'étonnement; le sentiment et l'amour doivent en seconder l'action, de sorte que l'âme soit remplie et profondément pénétrée des vérités morales, afin que, solidement établie dans la pratique de la vertu, elle soit entièrement gagnée par ses charmes et reste invariablement fixée dans la voie du bien. Ce n'est qu'alors que l'esprit pourra par lui-même pénétrer dans l'empire de la vérité divine, la concevoir librement, et régler, d'après la connaissance qu'il en aura, son action affranchie de tutelle dans la sphère qui lui aura été assignée dans l'immensité de la création.

Cet ordre de développement est rigoureux,

on ne peut en intervertir les transitions ni en omettre aucune. Si l'on néglige d'ouvrir le sens intérieur, c'est en vain qu'on s'efforce de gagner le cœur et de l'affermir dans le bien. Toute tentative ultérieure pour rouvrir les yeux de l'âme au soleil de la vérité éternelle sera nulle. De là vient que, dans le monde, tant d'efforts moraux, grands et petits, restent inefficaces et sans résultats, précisément par le défaut de cette première lumière, seule capable d'éveiller l'âme, de provoquer son attention et de dilater sa capacité morale. Si, au contraire, l'esprit est en pleine communication avec la lumière de la vérité, pendant que l'âme reste plongée dans les ténèbres et attachée à ses mauvaises habitudes, incapable de noblesse et d'élévation, alors les effets ne seront plus les mêmes que dans le premier cas, où tout l'être intérieur de l'homme reste dans l'inaction et l'apathie. Ici, tant que le côté moral restera inculte et négligé, la science n'agira que comme un élément destructeur, et, plantée sur un terrain aussi mauvais. Bien vite elle se transformera en un système faux et erroné, dont les résultats seront d'autant plus désolants qu'ils supposeront une plus grande profondeur de jugement et une puissance de conception plus forte. Si l'on voulait des preuves de l'influence qu'exerce un développement scientifique prématuré sur la corruption générale des mœurs et sur le renversement des principes qui font la base des sociétés, ce n'est pas seulement dans notre époque qu'on les trouverait; l'histoire des Grecs et des Romains nous en fournit déjà d'assez frappants. Mais ce serait dévier de la voie que je me suis proposé de suivre, que d'entrer dans des détails à ce sujet. L'ordre divin dans le royaume de la vérité étant l'objet de notre leçon d'aujourd'hui, mon but principal est de montrer comment l'éternelle sagesse suit, dans l'éducation du genre humain, la marche lente et graduée du développement de la conscience de l'individu, se pliant à la faiblesse humaine, s'accommodant à tous nos besoins, conformément au principe du profond abaissement qui caractérise si manifestement l'action de Dieu sur ce monde et sur l'homme spécialement.

Ainsi, dans les premières notions révélées à l'homme, notions émanant des sources mêmes de la vérité, il y eut comme une lumière préliminaire destinée à éveiller le sens intérieur, à diriger de nouveau vers l'idée du vrai Dieu les regards de l'homme, auxquels les ténèbres du paganisme avaient intercepté la simple vérité, et à préparer ainsi l'intelligence à de plus abondantes communications divines. La deuxième période de la révélation fut marquée par une illumination complète de l'âme. Il y eut alors une résurrection du principe moral; délivré de l'empire des ténèbres, il fut ramené au grand jour du soleil de justice. La troisième période doit avoir pour objet une pleine illumination de l'esprit. Bien que cette dernière révélation soit contenue dans la deuxième comme dans sa source, de même que celle-ci, à son tour, émane de la première où elle est renfermée en principe, elle n'obtiendra néanmoins son entier épanouissement que dans les derniers temps. L'écriture sainte elle-même nous l'annonce comme devant être le complément de toute révélation.

Avant de m'étendre plus au long sur l'ordre providentiel suivi dans la révélation, ainsi que dans l'éducation du genre humain qui en est le terme, j'ai deux remarques générales à prémettre. Premièrement, si les sens, l'âme et l'esprit forment les trois degrés de la ligne d'ascension suivie par la conscience dans le développement successif de ses puissances, il faut reconnaître que ce sens général de la vérité, cause et principe de tout progrès, se compose de tous les sens particuliers dont la distinction a été faite plus haut. Il réclame donc l'intervention de la saine raison, de l'imagination et de l'entendement, que nous avons déjà signalé comme l'organe de la perception de la révélation de l'esprit et de l'esprit de la révélation, quelle qu'elle soit. Bien que complexe par la variété des éléments dont il résulte, ce sens général ne suppose pas toujours dans son action la simultanéité des concours de la raison, de l'imagination et de l'entendement. Ces trois puissances prédominent tour à tour, selon les circonstances, dans l'exercice de la perception mentale. La docilité de la volonté, faculté que nous avons dit être, à proprement parler, le sens de Dieu dans l'homme, entre également comme partie essentielle dans la formation du sens général ; et cela doit être, attendu que les dispositions contraires telles que le sens propre et l'opiniâtreté, sont, comme nous l'apprend l'expérience, déjà dans l'éducation de l'enfance, un obstacle au bien et à la connaissance de la vérité. Et dans les sublimes systèmes métaphysiques de nos plus grands philosophes, ce même vice de la volonté, je veux dire l'esprit de contradiction et de négation qui y règne si généralement, n'y apparaît-il pas aussi comme le plus grand obstacle à la vérité et comme une source abondante d'erreur?

La deuxième remarque qu'il me reste à

faire; c'est que la marche graduée du développement de conscience, tant sous le rapport de l'éducation morale que sous celui de l'instruction scientifique, n'est applicable à l'homme que dans son état actuel, état de ténèbres originelles, où le sens a besoin d'être éveillé et excité à la vie, où l'âme, déchue de son innocence et de sa liberté, ne peut par elle-même sortir des ombres de la mort où elle est assise. Tout nous porte à croire, au contraire, que les révélations primordiales auxquelles le premier homme a participé comme à son héritage céleste sur la terre, étaient des illuminations complètes de l'esprit; car alors son sens ouvert et éclairé, son âme pure et libre, se portaient d'eux-mêmes vers Dieu; de plus il était dans une union intime avec la nature dont il résumait en lui toute la magnificence. Ce serait se tromper, si l'on s'imaginait que l'état d'innocence du premier homme fût un état d'ignorance semblable à celui de l'enfant ou de l'homme sauvage. Dieu lui livra sans réserve l'arbre de la vie;

comme aussi il soumit à son empire toute la nature dont il lui amena les premiers êtres vivants, afin qu'il les nommât et les distinguât. Il n'y eut que la mort et l'existence des esprits malins qui lui furent voilées, et ce ne fut pas sans raison ; car l'une et l'autre devaient être pour lui les moyens de l'épreuve, à laquelle le Créateur le destinait. Au reste, cette connaissance sublime de la nature, d'une part, connaissance portée au plus haut point de lumière, et que toutes les traditions sacrées des anciens peuples prêtent au premier homme, comme aussi, l'ignorance de la mort, d'autre part, laquelle lui est encore expressément attribuée, sont deux points qui se correspondent et se supposent réciproquement sans difficulté. Cependant l'homme pour peu qu'il eût conservé vivant, dans son cœur, le sentiment de la divinité, eût bien vite reconnu et vaincu son ennemi, et par là, il fût devenu le sauveur de la nature, bien loin de se jeter, par sa défection, dans la triste nécessité d'être racheté lui-même. La révélation fut donc dans son principe, comme elle le sera encore à la fin des temps, une pleine illumination de l'esprit; mais, hélas! son éclat fut bientôt obscurci.

C'est ainsi que la chose nous est présentée dans les vieilles traditions de tous les anciens peuples; c'est là le fil lumineux qui, en nous dirigeant dans le labyrinthe des mythes, des figures et du langage du premier paganisme, nous ramène à la source pure de la révélation divine. Il n'entre point dans mon sujet de montrer comment, par une disposition de la providence divine, ce fil précieux de la vérité primitive s'est prolongé durant les vingt-quatre siècles du premier âge du monde, ou comment il a été renoué lorsqu'il se rompait. Ce travail intéressant se rattache à l'histoire de l'esprit humain. Mais depuis que les ténèbres se furent propagées dans les régions de l'intelligence, depuis qu'enfouie sous un chaos de symboles, de figures mythologiques, tantôt vraies et tantôt fausses, quelquefois l'un et l'autre, l'âme eut perdu son aptitude native pour la lumière supérieure, dès lors commença la nécessité de la loi du développement progressif. Dans cet état de choses, avant de rétablir la possibilité de l'illumination de l'esprit, il faut réveiller, ressusciter le sens intellectuel, il faut purifier, renouveler et transformer l'âme; mais cette résurrection du sens intellectuel, cette transformation de l'âme, ne s'opère que successivement. Or c'est précisément la démonstration de cette loi de progrès qui préside au développement de la conscience dans l'individu comme dans le genre humain, et selon laquelle la révélation lui est communiquée par degrés successifs, qui fera l'objet de nos réflexions aujourd'hui.

Le premier degré de cette loi de restauration morale et intellectuelle coïncide avec la formation du peuple juif. Lorsque les idées mythologiques furent parvenues à un point de confusion qui rendait le mal irréparable; alors Dieu se choisit un peuple particulier dont il fit son instrument dans l'exécution de ses desseins. Il lui ouvrit les yeux sur l'abîme de l'erreur où s'était jeté le genre humain, et dirigea exclusivement ses regards vers l'avenir. Plusieurs prophètes furent envoyés à ce peuple mystérieux, et l'on peut dire que ce sont eux qui le dirigèrent dans son enfance. On ne saurait se former d'idée plus exacte de son caractère, qu'en se mettant sous les yeux sa mission. C'est le peuple prophète, destiné à préfigurer l'avenir, et dont il faut chercher la raison d'existence dans les temps postérieurs. Trois traits saillants distinguent le premier degré de la révélation. D'abord elle donne le mot de l'énigme de cet étrange chaos de symboles et de mythes païens qui avaient banni la vérité du monde, comme aussi elle nous met en main la clef de l'histoire des premiers temps. Deuxièmement, ses maximes de morales séparent, par une ligne profonde, le peuple juif des peuples païens. Troisièmement, enfin, elle nous laisse voir un grand rayon d'espérance dont l'objet est encore voilé dans un avenir éloigné. Sous ce triple rapport, la nation choisie fut peu fidèle à la parole de Dieu. Elle n'en apprécia que faiblement les lumières génésiaques et historiques. De frivoles prétextes, de légers appâts, lui firent souvent transgresser sa loi morale, qui bientôt ne fut plus pour elle qu'une lettre muette. L'objet de son espérance fut également interprété dans un sens purement national ; elle ne vit dans les promesses de Dieu d'autre terme que la naissance future d'un sauveur terrestre qui la délivrerait du joug des Romains. De graves historiens ont déjà dépeint avec des traits énergiques l'abus que le peuple juif fit de cette première révélation, comme aussi la prodigieuse ingratitude avec laquelle elle fut généralement reçue. Je ne sais s'il serait permis de porter un jugement plus favorable sur l'usage que l'on fait de la seconde. Une époque tout entière fut laissée au développement du peuple prophète et du genre humain en général. Elle dura quatorze cents ans, à partir des vingt-quatre siècles qui jusque-là comprenaient la durée du monde.

Après ces quatorze siècles d'attente et de préparation, l'hiver sombre et nébuleux des anciens temps fit enfin place aux jours plus sereins du printemps de la vie intellectuelle, et l'esprit humain arriva au solstice d'été de son développement. Ce fut alors que se fit dans le monde la seconde expansion du verbe révélé, et que commença pour le genre humain une nouvelle période d'éducation.

Tout, dès l'abord de cette seconde révélation, annonça qu'elle ne devait point être le complément de l'illumination de l'esprit, ni la consommation de la science (ce dernier degré du progrès n'étant promis que pour l'avenir); elle se montra au contraire, dès son principe, avec l'attitude d'une opposition tranchée avec l'esprit et la science des Grecs, science qui tombait dans un matérialisme de plus en plus profond. Sa mission immédiate fut de retirer l'âme de l'empire des ténèbres où elle était ensevelie, pour la replacer au grand jour de la vérité éternelle. Réformer l'homme dans ses habitudes, dans ses mœurs, le régénérer dans sa vie, dans tout son être moral en un mot, tels furent les desseins de Dieu. Glorieuse et touchante fut la lutte que ces préceptes émanés du ciel eurent à soutenir contre les contradictions du monde, troublé dans ses passions!

Mais bientôt les hommes redevinrent la proie de l'antique principe de division. Nous allons ici nous livrer à l'examen, tâche douloureuse sans doute, des déplorables effets de l'esprit de dissension pendant les époques qui suivirent la seconde révélation; car ce n'est qu'en observant l'homme à chaque période du monde, ce n'est qu'en étudiant ses dispositions hostiles pour chaque nouvelle révélation, qu'il est possible, au milieu de la confusion que répand partout l'esprit de désordre, de démêler et de suivre jusqu'au bout le fil lumineux de l'ordre providentiel qui modère tout ici bas. Dans les trois premiers ou même dans les cinq premiers siècles, nous voyons d'une part la foi nouvelle, si simple en elle-même, dégénérer en un chaos de fictions philosophiques, et revêtir les vieilles formes des croyances asiatiques; d'autre part, un commencement d'incrédulité secrète se glisse dans l'esprit à la faveur des mots, et il fallut pour s'en défendre se retrancher derrière les mots aussi. De là ces subtiles disputes qui ne portent que sur les termes, et qui, pour la première fois, acquirent tant d'importance dans l'histoire du monde. Les principes fondamentaux de la foi restèrent debout; il est vrai, malgré les attaques sans nombre que celle-ci eut à soutenir; mais la charité perdit beaucoup de sa première ardeur. Aussi la vie sortie des nouvelles doctrines s'affaiblit au point qu'elle ne fut plus suffisante, comme on aurait dû l'espérer d'abord, pour régénérer le vieux monde corrompu des Romains. Le concours d'un élément étranger et moins dégénéré lui fut nécessaire pour opérer cette pénible transformation : cet élément, elle le trouva dans la nature fraîche et vigoureuse des peuples du nord, qui vinrent s'incorporer à l'empire. Trois siècles encore, et de nouvelles scissions firent voir combien l'ancien esprit de discorde était loin d'être vaincu. On voulait, disait-on, que la foi fût une dans son essence; mais avec cela on voulait une séparation; ce qui revenait à dire, que le Dieu et le Sauveur de l'Orient diffère du Dieu et du Sauveur de l'Occident. Le Dieu un, et la foi une, par essence, furent donc derechef divisés en deux parties, et ce schisme bizarre, sans objet proprement dit, s'est perpétué jusqu'à nos jours. Dans la longue période qui suivit, la vie nouvelle, toujours fécondée par les sources intarissables de l'amour révélé, déploya dans un riche épanouissement, l'immense variété de ses fleurs et de ses fruits; de sorte que toutes les institutions sociales et politiques, les mœurs et les arts furent radicalement réformés, et complétement dépouillés des formes qu'ils devaient à l'antiquité civilisée. Ce qui nous rend cette époque particulièrement chère et pleine d'intérêt, c'est son caractère aimant et chevaleresque. Mais malgré ce progrès prodigieux de l'élément restaurateur, elle fut impuissante aussi à maintenir la paix dans son sein. L'esprit de discorde fit une nouvelle éruption, et le monde fut déchiré de nouveau. Les deux puissances qui, selon les desseins de Dieu, doivent agir de concert vers le même but, les deux épées dont le seigneur a dit : *Que c'est assez;* savoir l'épée spirituelle, dans le royaume de la vérité et de la foi, et l'épée terrestre, dans le royaume de la justice, et se levèrent l'une contre l'autre. On conçoit qu'une lutte de cette nature troubla la paix intérieure des esprits, plus encore qu'elle ne compromit la sécurité extérieure des États. Un caractère plus désastreux encore de cette déplorable division, c'est qu'elle ne se bornait pas à une scission entre les deux pouvoirs, mais que ceux-ci empiétèrent réciproquement sur leur autorité respective, et allèrent même jusqu'à échanger leur rôle. Le caractère guerrier, dans la chevalerie religieuse, présente sans doute une alliance bizarre dans l'union de ses deux fonctions si incompatibles en apparence : néanmoins la raison la conçoit.

La houlette du pasteur des âmes, alliée au trône de la puissance de la terre, offre encore un problème difficile à résoudre ; néanmoins il fut résolu, et la double mission qu'il implique fut souvent remplie avec dignité et avec une sagesse rare. Mais que celui qui est appelé à porter la houlette pacifique revête la cuirasse martiale, alors il y a nécessairement, dans un phénomène si étrange, une pierre d'achoppement pour la foi, et une occasion de trouble pour les esprits. Sept siècles se passèrent de la sorte. Ces sept siècles joints à ceux qui les précédèrent, à partir de la seconde révélation, forment le nombre quinze. Ceux-ci ajoutés aux quinze autres, qui s'écoulèrent dans l'intervalle des deux révélations, donne le nombre trente. Dieu, dans son inépuisable patience pour tout ce qui touche à la conduite du genre humain, vient encore de faire progresser l'éducation de celui-ci, de trois nouveaux siècles. Cette dernière époque vit une explosion plus complète et plus universelle encore de l'élément de division ; car il ne se borna plus à désoler le domaine de la foi, mais il envahit jusqu'à l'empire de la science, et pénétra insensiblement toutes les institutions de la vie.

Appelé à l'émancipation par la coïncidence de plusieurs découvertes importantes dans diverses parties des connaissances humaines, et ivre du sentiment de sa nouvelle liberté, l'esprit, à peine affranchi de sa tutelle, prit une attitude hostile à la vérité, et, au lieu de suivre la voie du perfectionnement qui lui avait été tracée, il chercha à semer et à fomenter des principes de discorde. Tout d'abord, une opposition assez sensible s'établit entre la science moderne et l'antique foi. Elle se fortifia ensuite, s'étendit et devint plus générale. Alors l'esprit de schisme pénétra dans le sein de la foi elle-même, qu'il déchira en deux parties.

Plus tard le même élément destructeur s'insinua entre la religion et la vie sociale dont il rompit les rapports d'harmonie, et le dix-huitième siècle vit chanceler celle-ci sur ses bases religieuses, puis s'écrouler en partie dans l'abîme de l'impiété. Enfin le dernier période de la dissolution universelle fut le divorce entre la science et la vie. Celle-ci dépouillée de son caractère spirituel, ne pouvait plus se mettre en rapport avec une science purement idéale, en partie fausse et chimérique, ne correspondant aucunement à ses besoins. Cette dernière scission eut des résultats terribles dans le monde des réalités.

Ce quadruple schisme qui commença par la science et la foi, s'établit ensuite dans le sein de la foi elle-même, puis entre la foi et la vie, puis entre la vie et la science moderne, lorsque celle-ci se fut placée sur le trône de la foi qu'elle avait expulsée: ce quadruple schisme, dis-je, dont la réaction s'est propagée dans toutes les sphères de l'existence humaine. se présente encore à nous, comme le problème non résolu de l'époque. Et quel autre que Dieu pourrait le résoudre? En tant que sujet de contestation, ce problème ne peut être, en ce qui touche la foi, discuté utilement qu'entre deux esprits animés d'une amitié et d'une confiance mutuelles, étant de plus déjà d'accord sur les points principaux. On cite, de part et d'autre, d'excellents ouvrages composés dans un esprit de rapprochement et de réconciliation; mais ces ouvrages, la plupart philosophiques, ne peuvent avoir d'autre résultat que celui d'aplanir les difficultés qui s'opposent à l'entière extirpation de l'esprit de division si profondément enraciné dans la nature humaine.

Quant à un succès complet et décisif, la polémique ne l'obtiendra jamais, quelque savante, quelque profonde qu'elle soit en elle-même, et quelque conciliant que soit l'esprit qui la dirige. On manque d'un tribunal commun pour les deux parties: l'une ne veut point reconnaître pour juge la raison jouissant d'une liberté absolue: l'autre rejette la compétence de l'autorité qui juge en dernière instance des choses de la foi.

Telles sont les plaies profondes faites au sein même de l'humanité, par le tranchant de la discorde, tranchant si aigu, qu'on ne peut le toucher sans en être blessé. Dans la crainte d'en voir se reproduire, jusqu'au milieu de nous, les désastreux effets, je m'abstiendrai même de toute discussion purement scientifique sur sa nature. Au reste cette tâche serait étrangère à mon sujet. Mon but unique est de chercher l'ordre divin dans les différents degrés de la révélation accordée au genre humain, et de poursuivre, à l'aide du fil lumineux qu'elle nous confie, mes réflexions sur le progrès de la conscience de l'humanité, jusqu'au jour des lumières, époque décisive où l'éducation du monde étant consommée, toute dispute sera à jamais impossible.

Pour atteindre ce but, je ne descendrai point dans l'arène des discussions publiques, quelqu'importance historique qu'elles puissent avoir. Du reste, je me suis toujours senti plutôt entraîné vers ce petit nombre d'esprits paisibles et retirés, qui, de part et d'autre, loin du conflit d'une bruyante polémique, attendent avec impatience, les yeux tournés vers l'avenir, la dernière manifestation de l'esprit divin, fondée sur les promesses qui nous ont été faites. A la faveur de cette nouvelle effusion de lumière une paix universelle renaîtra dans l'empire de la foi. Il existe à cet égard, une erreur dans laquelle quelques-uns tombent, et de laquelle d'autres approchent de très-près. Elle consiste à regarder cette troisième révélation comme une manifestation divine d'un ordre tout spécial; tandis qu'évidemment elle ne peut être que le complément des deux premières. Une révélation de l'esprit, sans rapport de dérivation avec celle de l'âme qui la précède et dont le résultat, connu de tout le monde, a été l'effusion de l'amour et de la vie dans la foi, une telle révélation serait par cela même, fausse et inadmissible. Un nouveau ciel, une nouvelle terre, à la vérité, sont promis, pour le troisième et dernier âge du monde; il est encore fait mention d'un Evangile qui doit être annoncé à tous les peuples, dans toutes les langues et se propager sur toute la terre; mais cet Évangile ne saurait être nouveau en aucune manière. D'ailleurs un Évangile nouveau n'aurait point de but: car si l'ancien suffit pour la conduite morale de la vie, quand il est bien observé, de même il suffirait aussi pour l'illumination de l'esprit, s'il était bien compris.

Il ne peut donc être question que de l'Evangile éternel, et par ce mot, j'entends la pleine lumière de la science réunie à la foi, réconciliée avec la vie et se consommant en Dieu. N'allons pas nous imaginer que dans ce grand jour de l'intelligence, la foi de la première révélation qui, comme l'étoile du matin, nous a conduit dans la nuit de l'ignorance, et a conservé son éclat à l'aurore du jour intellectuel, n'allons point nous imaginer, dis-je, qu'elle doive disparaître lorsque le soleil s'élèvera dans l'espace. Elle brillera au contraire d'un nouvel éclat, ou plutôt c'est elle qui, par une expansion progressive, se sera transformée en ce majestueux soleil, dont les rayons éclaireront l'univers entier.

Aussi longtemps que cette division régnera parmi nous, nous devons en supporter les malheurs avec d'autant plus de patience, nous devons en toucher l'objet, lorsque nous l'abandonnons avec d'autant plus de ménagement, que nous vivons dans l'espérance d'en voir la fin. Ce n'est pas que je veuille recommander une prétendue neutralité qui, au fond, ne serait le plus souvent qu'une indifférence déguisée pour les questions les plus importantes de l'époque et de l'humanité, ou bien encore un dédain arrogant, qui serait beaucoup plus funeste que l'adoption franche et loyale d'un sentiment tranché dans un sens ou dans un autre.

Gardons-nous aussi de la présomption de

juger, dans ces solennels débats, d'après des vues particulières qui, la plupart du temps, ne sont qu'imaginaires. Evitons avec le même soin de les aborder par des points de détail, et de donner peut-être successivement tort aux deux parties. Dès l'origine de la dissidence, il y eut, de part et d'autre, il faut le reconnaître, de grands caractères historiques et de brillants talents, dans la science, comme aussi il y eut de nombreux torts commis réciproquement. Mais après tout, que peut-il y avoir de commun entre les torts des hommes et la justice de la cause, dès le moment que nous la regardons comme la cause de Dieu.

Ce qu'il y a de douloureux dans cette dispute, c'est que Dieu lui-même est l'objet de la discorde. Dans les traditions sacrées et surtout dans la révélation, Dieu, par le langage familier et expansif qu'il y parle, par la simplicité des formes qu'il y revêt, s'était en quelque sorte mis enfant entre les mains du genre humain. Or, c'est précisément cet enfant merveilleux, c'est cette parole de Dieu qui maintenant est déchirée par les partis. Ne croiraiton pas voir les deux mères dont parle l'Ancien Testament, paraître de nouveau devant le tribunal de Salomon, et, dans l'ardeur de leur querelle, implorer les lumières de sa sagesse pour décider à laquelle appartient le survivant de deux enfants dont l'un a été étouffé pendant le sommeil. Le signe auquel le juge reconnut la vraie mère, c'est qu'elle ne voulut jamais consentir à ce que l'on coupât l'enfant en deux parties, aimant mieux le laisser entier à son adversaire. Déterminé par un indice si manifeste de la justice de sa cause, le roi ordonna qu'on lui remît l'enfant contesté.

Nous sommes toujours à attendre du tribunal suprême de l'histoire universelle, la seule sentence qui puisse mettre fin à de si longs débats. Tout nous porte à croire qu'elle ne tardera plus à être prononcée. Les progrès toujours croissants de la guerre spirituelle nous garantissent l'approche du jour où la révélation, victorieuse enfin du génie de contradiction et où l'esprit, recevant le baptême de feu réservé à ces derniers temps, ramèneront au sein de l'humanité la paix universelle des âmes, si longtemps désirée. Alors tous les hommes, sous la sage conduite de la providence divine, se confondront dans un amour et dans un ordre communs. Une paix aussi parfaite, la dernière qui selon les promesses divines soit accordée aux hommes, doit, comme on le conçoit, être précédée d'une guerre telle par sa violence, qu'on puisse aussi la regarder comme la dernière dans son espèce. A voir les progrès effrayants et inouïs de la lutte dont nous sommes témoins, ne sommes-nous pas en droit de dire que l'esprit de discorde est arrivé à son dernier terme? Je dois jeter, en passant, quelques réflexions sur la lutte de l'époque, et l'examiner surtout dans ses rapports avec la science.

A l'époque si intéressante de la restauration de la science, l'esprit humain fut de plus d'une manière évidemment appelé à l'émancipation. Aussi usa-t-il de sa nouvelle liberté, et cela devait être à certains égards; mais ce fut surtout pendant le dix-huitième siècle qu'il fut épris du sentiment de son indépendance, et l'abus qu'il en fit fut excessif. Pour juger d'après la saine raison les torts de l'esprit humain, servons-nous d'une comparaison très-simple, tirée de la vie sociale. Que dirions-nous d'un jeune homme qui, parvenu à l'âge de sa majorité, ou plutôt émancipé par la volonté de son père avant le temps légal, oublierait tout à coup l'amour que sa mère lui a porté et méconnaîtrait les grands desseins qui ont déterminé la résolution de son père: que penserions-nous de lui, si, parce que l'expérience lui apprend que dans la vie il existait une foule de choses qui ne lui ont pas été enseignées dans les écoles qu'il a fréquentées, il rejetait et foulait aux pieds les connaissances utiles que ses maîtres lui ont apprises, dans une mesure appropriée à la portée de son âge? Un tel jeune homme, s'il se rencontrait, exciterait notre indignation à un souverain degré. Nous reprouverions sans indulgence sa conduite dénaturée et nous craindrions avec raison, que tôt ou tard il ne tombe sous une surveillance beaucoup plus sévère que l'autorité paternelle dont il rougit et dont il abhorre le joug. Pourquoi, dans le domaine de la science et de la vérité, jugerions-nous plus favorablement l'esprit humain? Tous les regards, toutes les espérances étaient portés vers la science, et avec raison, car la marche de l'humanité vers la conquête des derniers temps réclamait la conduite de la science. Si c'est tomber dans une erreur dangereuse que de se représenter le complément de la révélation divine comme une manifestation d'un nouvel ordre, et destinée à établir une nouvelle religion; combien plus grave est la méprise de ceux qui rêvent la possibilité d'une science indéfiniment progressive, sans Dieu, sans rapport aucun avec la vérité divine. On ne passe point impunément à côté de la toute-puissance, et tout effort, dans les hautes régions de la science, qui n'a point Dieu pour principe et pour fin, se transforme aussitôt en un attaque contre Dieu lui-même.

Toute science, et surtout celle d'un ordre supérieur, qui dédaigne le point d'appui de l'éternelle vérité, n'est qu'une fausse lumière de l'esprit, qui, inévitablement et bien vite, ramènera le règne des ténèbres dans le monde moral. Et n'est-ce pas ce qui est arrivé? sous les dehors d'une civilisation apparente, n'avons-nous pas vu le poison caché, comme un hideux abcès de corruption sociale, percer la superficie de cette vaine moralité et répandre au loin son odeur fétide et pestilentielle, semblable aux dégoûtants événements dont nous parle le livre sacré de l'avenir. Veut-on, pour arrêter le torrent d'une pareille contagion, résister au mal par la force? la même désolation se reproduit sous une forme nouvelle et inattendue, et soudain le monde avec toute sa civilisation est inondé d'une mer de sang ; c'est encore ce que nous lisons dans les pages prophétiques qui renferment l'énigme des derniers temps. La terrible catastrophe dont le monde entier vient d'être le théâtre, en tant qu'on peut la regarder comme un avertissement historique de la Divinité et comme la manifestation de sa volonté, opéra une réaction salutaire ; elle imprima, dans une foule d'individus les mieux disposés, une impulsion vers le bien, impulsion qui se développa selon les lois générales du progrès intellectuel. Leurs sens et leurs yeux s'ouvrirent de plus en plus à mesure qu'ils reconnurent mieux la profondeur de l'abîme où la société venait de se jeter. Après l'époque de la restauration, une modification universelle s'opéra dans les sentiments, dans les maximes de conduite et dans la tendance de l'esprit. Il ne manque plus, pour consommer le retour à la vérité, que le troisième degré de l'éducation, savoir, l'intuition scientifique de l'esprit. Tout au plus cette sublime lumière commence-t-elle à poindre.

La solution du problème de l'époque dépend, à proprement parler, de la ruine de la fausse science, je veux dire de cette science inqualifiable qui n'a pour objet, ni l'homme ni Dieu. Or la fausse science ne peut être vaincue et détruite que par la vraie science. La seule méthode de négation, qui en général est rarement la bonne, ne suffit pas pour atteindre ce but. Que d'épais tourbillons de poussière obscurcissent le ciel, que des nuées d'insectes remplissent l'air, l'on conçoit que quelqu'un ferme sa fenêtre pour se garantir. Lui en faire un reproche, ce serait lui contester un droit légitime. Mais survienne un orage effroyable ; cette faible précaution sera insuffisante pour mettre sa maison en sûreté, si elle n'est d'avance munie d'un bon paratonnerre. Or que suppose ce paratonnerre? Il suppose que l'on connaît les lois de l'électricité, et que, d'après la connaissance même de ces lois, on a construit l'appareil protecteur qui détourne la foudre. C'est pareillement dans une connaissance approfondie des lois du mal que la vraie science pourra trouver le moyen de paralyser efficacement l'influence de la fausse. Voilà pourquoi nous voyons, dans l'Ancien Testament, la vérité éternelle adresser de sévères reproches à ceux qui, tandis qu'ils sont assis sur la chaire de Moïse, cachent la clef du sanctuaire de la science, pour s'en fermer l'entrée à eux-mêmes, et l'interdire à tous ceux qui voulaient y pénétrer. L'Écriture sainte nous fournit encore, dans le caractère de Moïse lui-même, un exemple de l'importance de l'étude de la science.

La mission de cet homme extraordinaire fut, comme on le sait, de délivrer le peuple de Dieu des ténèbres de l'Égypte, pour le conduire sain et sauf à travers la mer Rouge, et par les nombreux détours d'un désert immense jusqu'à la terre promise. Ce fut, il est vrai, pendant les quarante ans qu'il passa dans la solitude parmi les pasteurs qu'il se forma à cette haute destinée; cependant ce n'est point sans raison qu'il est dit de lui qu'il fut, dans son enfance, recueilli sur les eaux par les filles du roi d'Égypte; ce n'est point non plus sans un dessein caché que l'Écriture ajoute qu'il était versé dans toute la sagesse et dans toutes les sciences égyptiennes. On ne peut qu'être réjoui, pour le dire en passant, de la sublime portée de jugement et de discernement qui règnent dans les livres saints, car, s'il n'est aucun peuple païen contre lequel elle ait prononcé de plus dures sentences de réprobation, sous le rapport de la dépravation morale, que la nation égyptienne, elle nous fait connaître aussitôt que l'Égypte possédait une science et une science réelle, et que c'est pour l'avoir recouverte d'erreurs que, dans l'excès de ses égarements, elle mérita des châtiments plus terribles.

Quelques antagonistes superficiels, tirant avantage de cet aveu, ce qui s'est déjà fait, pourraient nous objecter que toute la science de Moïse n'était qu'une compilation des sciences égyptiennes et des connaissances hiéroglyphiques. Cette assertion est dépourvue de fondement. Les dix premiers, de même que les douze derniers caractères de l'alphabet hébraïque, sont, il est vrai, des hiéroglyples; leur dénomination l'indique assez : mais il n'en est pas moins vrai aussi que la langue hébraïque, par ses racines, par son génie, par sa marche et par son harmonie, est essentiellement différente de l'idiome hiéroglyphique des Égyptiens. Moïse a appris en Égypte tout ce qu'il pouvait y apprendre, afin qu'en dissipant de plus en plus devant lui les ténèbres qui obscurcissaient ce pays, il eût moins à redouter la magie et l'art satanique de ce peuple. Il a pris à celui-ci tout ce qui pouvait servir à ses fins, mais tout a été renouvelé et comme transformé par l'usage auquel il le destinait; il leur a enlevé leurs vases d'or et d'argent : mais qui pourrait lui contester la légitimité de ce vol, dans le domaine de la science, surtout lorsqu'on en fait tourner l'objet au triomphe de la cause de Dieu et à l'avantage de la révélation, ou au moins lorsqu'on sait le destiner à un meilleur emploi. Au reste, ce qu'a fait Moïse se fait encore de nos jours, et s'est toujours fait.

Il serait à désirer que tant d'hommes recommandables de notre temps, qui ont consacré leurs efforts à la grande œuvre de la restauration des saines doctrines et des bons principes, suivissent l'exemple d'un homme si visiblement assisté du ciel. Ce n'est que du plus petit nombre d'entre eux que l'on peut dire ce qui est rapporté de Moïse : qu'il était versé dans toutes les sciences d'Égypte. De là vient aussi que les résultats de leurs tentatives pour dissiper les ténèbres qui couvrent le monde sont toujours proportionnés à la médiocrité de leurs connaissances.

Si jamais il fut une guerre spirituelle, dirigée contre la vérité, et même contre la vérité divine, c'est bien celle de notre époque : c'est ce que l'on reconnaît déjà en partie, et ce que l'on reconnaîtra encore de plus en plus. Dieu est un esprit de vérité ; c'est pourquoi l'esprit de contradiction et de négation qui lui est opposé a été appelé, dès le commencement, l'esprit menteur ; et de toutes les puissances du mal, le mensonge est la première. Je ne puis me dispenser de toucher en passant un point de morale qui se trouve de lui-même sur ma route, bien qu'à plusieurs égards il soit étranger au cercle d'idées qui m'occupent. C'est précisément du mensonge que je veux parler. On traite ce vice souvent avec trop d'indulgence ; on n'en fait point assez ressortir toute la gravité. On considère en morale les défauts intérieurs, les vices de l'âme, comme autant de maladies qui peuvent devenir mortelles, parce qu'elles peuvent conduire l'âme à la mort ; mais le mensonge, dans toute l'étendue du mot, le caractère de la fausseté, lorsqu'il domine dans l'individu, et se transforme en sa nature, c'est plus qu'une maladie mortelle, c'est la mort elle-même. Et voilà pourquoi c'est un péché, une révolte, un attentat contre l'esprit divin, contre l'éternelle vérité, dont il est dit, dans la révélation, qu'il ne sera remis ni en ce monde ni en l'autre. Sur ce point, la morale ne saurait être assez sévère et dans ses préceptes et dans l'application. Sans doute il s'agit ici bien moins des mots que du sens qu'on leur donne et de l'intention qui les dicte. Il y a, à cet égard, un excès à éviter, lequel pourrait jeter la conscience en de faux troubles. Quand on se rappelle comment, à de certaines époques de l'histoire, on jouait avec le serment, avec quelle légèreté on le prodiguait à tout propos et sous toutes les formes imaginables, quand on réfléchit aux effets désastreux qu'un pareil abus peut exercer sur la moralité d'une nation ou d'une époque, on se sent porté à excuser l'opiniâtreté de certaines petites communautés qui se soustraient à l'obligation du serment. S'il fallait choisir entre l'alternative toujours dangereuse d'une excessive sévérité ou d'une trop grande facilité, il vaudrait mieux, en ce qui touche la vérité et le mensonge, pécher par le rigorisme que par l'indulgence. Je ne m'arrêterai pas plus longtemps à ces considérations, qui me feraient perdre le fil de mon sujet.

Si le venin du mensonge est déjà si dangereux pour le simple individu, dans la nature duquel il s'insinue et dont pénètre toutes les parties, combien ne l'est-il pas davantage quand il se répand à grands flots sur toute une époque qui a abjuré la vérité, et lui a voué une haine implacable. C'est à l'esprit de mensonge, c'est à un faux éclat, c'est à l'empire gigantesque qui doivent le caractériser, dans la dernière lutte que la vérité a à soutenir sur la terre, que se rapportent les plus terribles prédictions déjà citées plus haut; et il ne serait pas difficile d'en vérifier l'accomplissement, s'il est vrai qu'une grande partie des menaces que la main du prophète y a consignées ait déjà eu leur effet de nos jours. Si l'esprit de mensonge, ce géant de destruction, eut assez de force, même dans son berceau, pour étouffer entre ses bras deux des parties du monde, qu'arriverait-il, si, maintenant qu'il est plus grand, plus développé, et armé d'une force incomparablement plus magique, il persévérait encore longtemps à fouler le monde sous ses pieds. Les personnes qui, vivant dans une sphère d'action étendue, soit dans la vie pratique, soit dans la vie intellectuelle, sont à même de remarquer les éléments de destruction qui fermentent de nos jours, ne trouveront point nos craintes exagérées. Les autres peut-être pourront encore se faire illusion pendant quelque temps.

Je terminerai cette leçon par trois dernières réflexions. La première a pour objet la liberté d'action accordée au mal de la part de Dieu ; elle peut servir de complément à la théodicée dont nous avons parlé plus haut, théodicée que nous n'avons point voulu renfermer dans les limites rigoureuses d'un système rationel, mais que nous avons basée sur les sentiments ; et soit que nous touchions déjà à l'avenir redoutable auquel elle s'applique, soit que nous en soyons encore éloignés, elle ne perdra pour cela rien de sa justesse ni de sa force. S'il est vrai, comme on ne peut le nier, que le genre humain soit dans un état de maladie, il faut comparer la conduite de la Providence à son égard aux procédés sages d'un médecin habile qui traite un malade. De même qu'il peut se trouver facilement dans le cas de désirer et même de provoquer un violent paroxisme dans un individu travaillé par une maladie mortelle, de même aussi n'y aurait-il pas dans toutes ces sombres prophéties qui se rapportent à l'avenir, un plan prédéterminé de la part de Dieu, de ménager au monde une crise décisive, d'où la partie saine de l'humanité puisse sortir, et qui assure à la vérité divine, une victoire complète sur la puissance des ténèbres.

La deuxième réflexion regarde tous les hommes bien intentionnés de notre temps, même ceux que des dissidences séparent encore. Quand deux Etats ou deux nations différentes par leur système de gouvernement, par leur langage et par leurs mœurs, se voient simultanément menacées par un ennemi redoutable, oubliant alors tous les motifs de leur désharmonie antérieure, elles forment une ligne franche et loyale, pour leur défense et leur salut commun. Puissent tous les hommes droits et généreux de notre époque, de quelque côté qu'ils se soient rangés dans le domaine de la foi, suivre un si noble exemple ! puissent-ils oublier, sinon détruire tous leurs motifs de dissidence et conclure une paix sincère qui leur permette de se liguer, dans l'intérêt de tous, contre leur ennemi commun, l'ennemi de toute vérité et de toute foi; car, hélas! il n'est plus permis à personne d'ignorer les dangers spirituels qni nous menacent, quels que soient d'ailleurs les points de vue sous lesquels on les envisage. Enfin la troisième réflexion ne se borne plus à un souhait. C'est pour nous une conviction intime que, quelque difficile et grande que soit la guerre que l'humanité doit soutenir, la bonne cause ne succombera pas; l'issue en sera heureuse, et assurera un triomphe plein et entier à la révélation, qui alors nous dévoilera, dans tout son jour, l'ordre divin dans l'empire de la vérité.

FIN DE LA SEPTIÈME LEÇON ET DU PREMIER VOLUME.

TABLE DES LEÇONS

CONTENUES

DANS LE PREMIER VOLUME.

FIN DE LA TABLE DU PREMIER VOLUME.

www.ingramcontent.com/pod-product-compliance
Ingram Content Group UK Ltd.
Pitfield, Milton Keynes, MK11 3LW, UK
UKHW020300230726
13925UKWH00001B/144